朝日新書
Asahi Shinsho 661

「六本木」には
木が6本あったのか？

素朴な疑問でたどる東京地名ミステリー

谷川彰英

朝日新聞出版

はじめに

東京や江戸の地名について、私はこれまで相当数の地名本を上梓してきたが、一貫してきたのは文献探索だけではなく、必ず現地調査を行うという姿勢である。

私は、現地調査をしていない地名研究書は信じない。もっと言えば読むに値しないとさえ考えている。地名というものは現地を訪れてその風土に触れ、人々の気持ちに触れなければわからないものなのだ。

今回の本の特色は、それに加えて、地名の謎解きのプロセスをいわば「ミステリー」を解くかのような構成で書いたことにある。

「六本木」と聞けば、誰もが「そこに6本の木があったのでは？」と考える。はたしてそうなのか、とその謎を解きたくなる。この謎解きのプロセスは、あたかも推理小説で、起きた事件の真相を探る過程と似ている。まず現地に赴き情報を集める。さまざまな資料で情報を収集する。さらに関係者に訊き取りを行いながら真相に迫っていく。

そんな手法で書いた本書は、「地名ミステリー」と銘打った最初の作品である。私の作品を含めて東京・江戸の地名に関する本は多数ある。取り上げている地名をご覧になって、「こんな地名の意味は知っているよ」と思われるものも多くあるに違いない。しかし、今回の取材で明らかになった情報は、「最新」であるだけでなく〝最深〟である。単に知っているにとどまらず、どのように知り得たのかを追体験することによって、さらに地名の魅力は深まっていく。

ミステリー作品を読むようなつもりで、気軽に東京の地名散歩を楽しんでいただきたい。

二〇一八年二月一〇日

谷川彰英

「六本木」には木が6本あったのか?

目次

第二章　江戸の歴史と地名ミステリー　75

撮影　谷川彰英
図版　谷口正孝

第一章

有名な「あの街」の地名ミステリー

「六本木」には木が六本あったのか?

六本木は国際都市だ。この近くには各国の大使館や公使館が並んでおり、近年は六本木ヒルズや東京ミッドタウンなどの超高層ビルが立ち並び、一層高級感が増している。

この六本木には、これまで「松の木が六本あった」、「木にちなんだ大名の屋敷が六つあった」などと言われてきた。その真実に迫る。

「木」の本数を示す地名

「六本木」といえば、誰もが「六本の木があったのでは?」と考える。それは、木にちなんだ同類の地名が全国に多く存在するからである。

例えば「一本木町《ちょう》」という町名は、福井県福井市、岐阜県関市、愛知県津島市、愛知県半田市にあるし、「一本木」だけだとすると数十個に及んでいる。「二本木」は埼玉県入間《いるま》市、熊本市西区、新潟市江南《こうなん》区、「三本木」は青森県十和田《とわだ》市、宮城県大崎市にある。

さすがに「四本木」は埼玉県日高市に「しほぎ」と読む地名が一件しかないが、「五本木」は東京都目黒区に存在する。

これらはいずれも多かれ少なかれ「木」にちなんでつけられていると考えると、どうしても「六本木」も六本の木があったのではないかと考えてしまう。

全国的に見ると「六本木」という地名は東日本を中心に一四件あるというが、同類の「六本松」だと岩手県奥州市前沢区、福岡市中央区に、「六本杉」だと宮城県刈田郡七ケ宿《しちかしゅく》町《まち》に存在する。

さて、この「六本木」に六本の松の木があったのか、なかったのか？

二　「六大名」説

しかし、その前に、この六本木という地名には「ここに『木』の名にちなんだ六人の大名の屋敷があったことからという説もある。まずこれを検証してみなければならない。

この説は文政一二年（一八二九）に完成した『遊歴雑記』という文献に記されているも

ので、この大名説はすべてこの文献によっている。作者は十方庵敬順《じっぽうあんけいじゅん》という小石川に住む老僧である。そこにこう記されている。

予倩《ツラ〳〵》思ふに麻布の此辺《コノヘン》ニハ上杉《ウエスギ》朽木《クツキ》高木《タカギ》青木《アヲキ》片桐《カタギリ》一柳《ヒトツヤナギ》等の諸侯《ショカウ》の下《シモ》やしき中《ナカ》やしき六軒《ロツケン》まで集《ツド》ひあるが故《ユヘ》ニ六軒《ロツケン》の苗字《メウジ》をかたどりて六本木《ロツホンギ》といふもしるべからず此故

（略）

これは重要な資料なので正確に現代語に訳しておこう。

私がよくよく考えるに、麻布のこの辺には上杉朽木高木青木片桐一柳などの諸侯の下屋敷中屋敷が六軒まで集まっているために六軒の苗字を形にして六本木と言ったというが、真実はわからない。

ここに記されているように、「上杉」「朽木」「高木」「青木」「片桐」「一柳」という六つの大名屋敷があり、そのそれぞれに「木」が関係しているので「六本木」という地名が起こったとしてきたとするのが「六大名説」である。

しかし、これは成り立つだろうか。地名研究の立場からすれば否である。資料的にこの六軒があったという記録が存在しないこともその根拠だが、地名を六軒の大名の苗字から取るということはまず考えられない。地名はその地域で自然発生的に生まれるのが普通で、六人の大名の苗字が木にちなんでいるから六本木にするというような凝ったつけかたは、例外中の例外というべきである。

冒頭で示したように、「〇本木」という地名は全国に多数あるが、その大半が「〇本の木がある」ことにちなんで命名されている。

三　「六本の松」説

では六本の木があった説はどうか。これもきちんと原文を示しておこう。『御府内《ごふない》備考』の「龍土六本木町」の項に次のように記されている。

一当町起立之義者龍土町高内ニ而往古古木松六本有之候ニ付自然と申唱候よし申伝而已ニ而場所等相知不申

現代語に訳しておこう。

一　この町の起こりについては、龍土町《りゅうどちょう》の高台に昔から古い松の木が六本あったことにより自然にこのように言い伝えられてきたが、その場所等についてはわかっていない。

「六本木」に六本の松の木があったかどうかを確かめる資料はこれ以外にはない。『御府内備考』は文政一二年（一八二九）に完成した幕府官撰の地誌書なので、信憑性は高い。不思議な一致だが、この文政一二年は先に紹介した『遊歴雑記』が完成した年と同じである。

実はさらに面白いのは、その『遊歴雑記』の先に引用したあとに、大名屋敷説以外にもいくつかの説を紹介していることである。その筆頭に挙げているのは、「何《ナニ》〳〵の樹《キ》六本《ロッポン》あるを以《モッ》て地名《チメイ》によぶといふ」という説である。これはまさに「六本の松の木」説を裏づけるようなもので面白い。

やはり、「六本木」は六本の木があったことにちなむと考えていいだろう。

四　松があった！

この六本の松の木がどこにあったかは、『御府内備考』に記されているように、わかっていない。『江戸名所図会《ずえ》』には「六本木」ではなく、「一本松」がこの周辺の名所として紹介されている。

一本松《いっぽんまつ》　同所北の裏通り、一本松町道の傍《かたはら》にあり。一株《いっしゅ》の松に注連《しめ》を懸け、その下に垣を廻らせり。里諺《りげん》に云く、六孫王経基《ろくそんわうつねもと》この地を過《す》ぐる頃、この松に衣冠《いくわん》を懸《か》け給ひしとて、冠松《かむりまつ》の名ありとも、その余さま〴〵の説あれども分明《ぶんみやう》ならず。今この辺を一本松と号して地名となれり。或いは云ふ、小野篁《をののたかむら》が植ゆる所なりとも。

ここにいう六孫王経基とは源経基（?～九六一）のことで、「六孫王」とは清和《せいわ》天皇第六王子貞純《さだずみ》親王の子、つまり天皇からみれば「孫」に当たるという意味である。経基は武蔵介として赴任していた天慶元年（九三八）足立郡司武蔵武芝と戦い、その後平将門追討に

一本松（『江戸名所図会』）

力を尽くした人物として知られる。
上の図は当時の一本松を描いたものである。相当立派な松であったことがわかる。

五 「麻布で気（木）が知れぬ」？

この六本木というところはもともと「麻布区」に属していた。今は「港区」になっているが、「港区」という区名が誕生したのは昭和二二年（一九四七）のことで、それまであった「芝区」と「麻布区」「赤坂区」が合併して「港区」になったに過ぎない。

考えてみれば、「港区」などという味わいのない区名より「芝区」「麻布区」「赤坂区」のほうがはるかに情緒にあふれている。

『麻布区史』（一九四一年）には、本書で紹介した「六本松」説と「六大名」説について簡単に述べた後、「こんなところから世俗の『麻布で気〔木〕が知れぬ』と云ふ俚諺《りげん》を生じたのかと思はれる」と書いている。

「麻布人の気が知れぬ」と「麻布の木は知れぬ」をひっかけた俚諺ということなのだろう。その後の解説が面白いので、紹介しておこう。

「尤《もっと》もこれは狸穴とか狐坂とか化性の動物にちなんだ地名の多い麻布の人間は、ホントの氣心は判らないぞと云ふところに由来してゐるかも知れない。

或は麻布は赤坂、青山、目黒、白金に取り囲まれ、五色の色の中の黄を欠いて居る所から『黄が知れぬ』の言葉が生れたとの説もある。筆者の考では麻布（麻の織物）はもと〳〵多少の黄色を帯びて居るものではあるが、それが至つてハツキリとしないので、男の煮え切らぬ態度を慨《なげ》いた花魁《おいらん》などが『お前麻布で気が知れぬ』と怨じたのではあるまいか」

区史という半ばオフィシャルな刊行物としては、なかなか趣向を凝らした書きっぷりで興味深い。

確かにここには「狸穴《まみあな》」、「狐坂《きつねざか》」など、動物にちなんだ地名が多い。「鼠坂《ねずみざか》」なんてものまである。それに「赤坂」「青山」「目黒」「白金」に囲まれて「黄が知れぬ」とは見事としか言いようがない。

そして落ちは麻布の色がハッキリしないので、「男の煮え切らない態度」だというのには思わず拍手を送りたいほどである。

六　六本木を歩く

都立中央図書館には東京メトロ日比谷線の「広尾駅」で降りて、有栖川宮《ありすがわのみや》記念公園の石段を上ってゆくのが一番の近道だ。この公園はかつての南部藩の下屋敷で多くの市民の憩いの場所となっている。

図書館から東へ一歩足を踏み出せばもうそこは六本木の街並みにつながっている。坂道をゆっくり下っていくと、かつて麻布の総鎮守だったという氷川神社の前に出る。今は境内《けいだい》も狭くなっているが、江戸時代には『江戸名所図会』にも描かれているように広大な敷地を誇っていたらしい。

そのすぐ先に「一本松」がある。松の木は代を変えてまだ若いが、坂道の上に立つ姿は何となく歴史を感じさせてくれる。『江戸名所図会』の絵と比べてみると、位置は間違いなく同じ位置である。

「暗闇坂」を降りていくと、麻布十番から登ってくる道路に合流する。「麻布十番」とは、元禄一一年（一六九八）麻布の白銀御殿を普請するに当たって土運び人足の「番組」一番から十番まで定められたことによっている。

昔はこの道が麻布十番から六本木駅に至る芋洗坂までつながっていたが、今は大きな道路（東京都道319号線）で分断され、六本木も大きく変わったなと感じさせる。

多くの外国人と若者が闊歩《かっぽ》する六本木で、どこに松の木が六本あったのか、などと考えながら歩くのは、意識のズレは感じるものの、何となく希少価値を感じて楽しい。

一本松の位置

芋洗坂

現在の一本松

「新宿」の「新しい宿場」はどこにあったのか?

「新宿」は言わずと知れた東京を代表する繁華街だ。銀座や東京駅周辺が整備されたビル群が立ち並ぶ街とすれば、新宿は無数の市民が闊歩する街である。

ところが、もとはと言えば「新宿」は「新しい宿場」という意味なので、街道筋に発達した街であったはずである。その「新しい宿」とはどこにあったのか、なぜこの地に造られたのか、その真相に迫ってみよう。

一　「新宿」の今昔

まずは、図を見ていただこう。これは明治中期の新宿の様子である。宿場であったことが一目でわかる地図である。宿の名前は「内藤新宿」となっている。宿の中央を走ってい

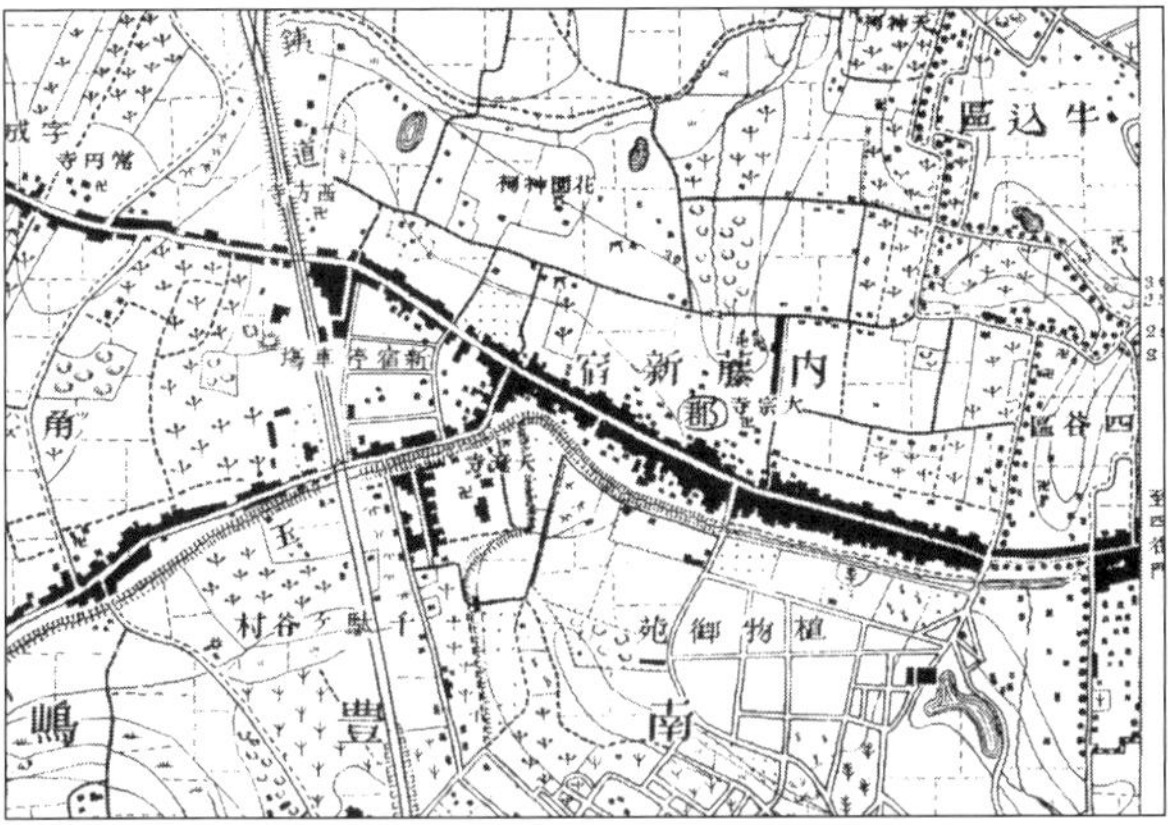

内藤新宿（明治十三年測量 明治二十四年再版 迅速測図〈陸地測量部〉）

る道路は現在の新宿通りである。地図の右手は四谷に当たり、四谷方面から歩いてきて内藤新宿に入り、街道が二手に分かれる地点が今でも地名として残っている「新宿追分《おいわけ》」である。この追分をまっすぐ行くと現在の新宿駅東口に出て、さらに青梅《おうめ》街道につながっていく。左手に向かうと現在の新宿駅南口に出て甲州街道として高井戸方面につながっていく。

現在のＪＲ山手線をオーバーラップさせるとおおよその位置関係がわかることだろう。地図の南側に「植物御苑」と書かれている広大な土地が現在の「新宿御苑」である。

これと対比して作成してみたのが次ページの図である。山手線が南北に走り、西側は現在の都庁が建つ西口である。

現在の新宿

二　「内藤新宿」のルーツ

この「内藤新宿」の「内藤」とは何を意味するのか、そもそもここに「新宿」ができたのはなぜなのか。その歴史をたどるには『新編武蔵風土記稿』の次の資料に頼るしかない。

○内藤新宿　内藤新宿は甲州道中宿駅の一なり、御打入の後内藤大和守に給ひし屋敷の内を、後年裂て上地となりし頃も、萱葭原なりしを、元禄十一年江戸浅草阿部川町の名主喜兵衛及ひ浅草の町人市左衛門、忠右衛門、嘉吉、五兵衛と云者、願上て今の如く幅五間半の街道を開き、左右に宿並の家作をなし、喜兵衛は喜六と改め、五人共に移り住せり、元内藤氏の屋敷なりしゆへ其儘内藤新宿と名付、江戸より多磨郡上下高井戸宿まて人馬継立の駅亭とせしか、享保三年宿駅を止められて御料の町場となりしに、明和九年安藤弾正少弼道中奉行たりし時、元の如く宿駅に建られ、定人足二十五人、馬二十五匹を出して、上下高井戸宿へ継立せりこれは重要なので、現代語に訳しておこう。ここに新宿の歴史はほぼ語り尽くされている。

○内藤新宿　内藤新宿は甲州道中の宿駅の一つである。徳川家康が江戸に入られた後、内藤大和守《やまとのかみ》に与えられた屋敷の一部を後年上地とした頃も、一面萱《かや》や葭《よし》の原だったが、元禄一一年（一六九八）江戸浅草阿部川町の名主喜兵衛と浅草の町人市左衛門・忠右衛門・嘉吉・五兵衛という者が願い出て今のように幅五間半（約一〇メートル）の街道を開き、左右に宿駅の家並みを造った。喜兵衛は喜六と名を改め、五人共に移ってここに住んだ。元内藤氏の屋敷だったためそのまま「内藤新宿」と名づけた。江戸から多磨郡の上高井戸・下高井戸宿まで人馬を継ぐ宿駅だったが、享保三年（一七一八）宿駅を廃止されて皇室の町場となったが、明和九年（一七七二）安藤弾正少弼が道中奉行だったとき、宿駅として戻され、人足二五人、馬二五匹を出して、上高井戸・下高井戸へ継ぎたてた。

ここに記されていることをまとめてみよう。
①元禄一一年（一六九八）、浅草の名主・喜兵衛と四人の町人が幕府に願い出てここに宿駅を開いたが、この地が内藤氏の屋敷だったので、「内藤新宿」と名づけた。
②享保三年（一七一八）宿駅を廃止されたが、明和九年（一七七二）復活させられて上高井戸・下高井戸に継ぎ立てた。
ここにはいくつもの謎めいた歴史が隠されている。

三 「内藤新宿」の謎

最初の謎は、内藤新宿が元禄一一年（一六九八）という遅い時期に設置されていることである。もともと江戸の五街道の宿駅は江戸時代初期に整備されている。甲州街道（後に「甲州道中」となる）は五街道の一つであったから、当然のこととして江戸初期に宿駅は整備されていた。日本橋から出発して最初の宿は「高井戸宿」であった。それがおよそ一〇〇年近くも経ってから「内藤新宿」という宿駅を公設したというのはどういう理由によるものなのか？

先ほど引用した資料では、浅草の名主と商人四人が幕府に陳情して開設したとある。彼

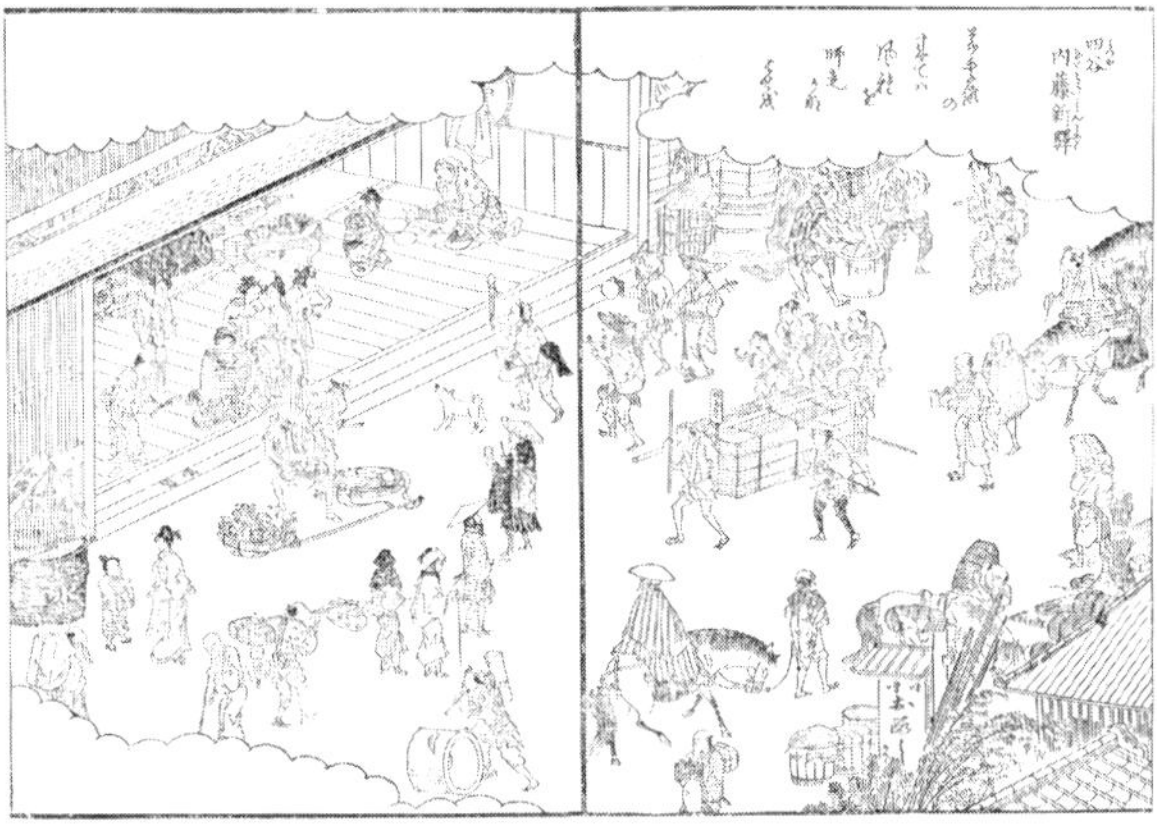

内藤新宿（『江戸名所図会』）

らはなぜこの地に宿駅を設けようとしたのか？　それには江戸の町の成り立ちについて触れなければならない。家康は江戸の町づくりのために、全国の藩から多くの人夫を呼び寄せて事に当たらせた。一万石当たり一〇名の人夫を提供せよとしたというのだから、全国から集まった人夫は相当な数に上った。それらの人夫たちは男ばかりだったから、江戸の人口は著しく男に偏するものとなった。

その男たちの生活を安定させるためには娯楽の場所が必要となった。幕府公認の場所は吉原であったが、吉原は高級な社交場であって、庶民が遊びに行ける場所ではなかった。当時遊郭は特定の場所以外には設置できなかったが、飯盛り女と称する女性が宿には置かれていた。飯盛りを仕事とするといいながら、客の接待もするという仕組みであった。

内藤新宿の宿にはこのような飯盛り女を置くことが許され、そのためにこの内藤新宿は大いに繁盛したと言われている。

表向きは、日本橋から高井戸宿までは八里（三二キロ）もあって遠すぎるという理由だったが、実は商人たちの利益のために内藤新宿を設置したということである。

このことが②で示した内藤新宿の廃止ということとつながっている。右に書いた商人たちの利益優先の興業がご公儀の眼に触れて廃止となったが、後に解除されたという歴史があったのである。

四　甲州道中の謎

関連してもう一つの謎がある。この甲州道中についてである。ＪＲ新宿駅・南口の改札を出て目の前に左右に走っているのが現在の甲州街道である。

このように、現在は「甲州街道」と呼び、江戸時代初期にも「甲州街道」と呼ばれていたが、正徳六年（一七一六）から正式には「甲州道中」と呼ばれることになった。甲州街道と日光・奥州街道は「海道」（街道）（海沿いの道）ではないので、「道中」と呼ばれることなったのである。これは新井白石《はくせき》の建議によるものであったと言われる。

この甲州道中は「東海道」「中山道」「日光道中」「奥州道中」と並ぶ江戸五街道でありながら、大名の参勤交代で使われることが極めて限定された街道であった。文政五年（一八二二）の記録（『道中方秘書』）によれば、参勤交代で使った街道では、東海道一四六名、日光・奥州道中四一名、さらに中山道三〇名となっている。

ところが、甲州道中はたったの三名でしかない。その三名とは、先に挙げた内藤家、諏訪藩の高島家、それに飯田藩であった。いずれも徳川家に近い譜代大名であった。この三大名にしか使わせなかったという事実に、この甲州道中の秘密が隠されている。

それは、この甲州道中は、幕府のいざというときの逃げ道として整備されたという説である。家康は江戸の町づくりに当たって、西側を堅く固めようとした。西国には豊臣の残党も多く、そのために伊賀者《いがもの》をつかっていた服部半蔵を江戸城の西側に住まわせ、それにちなんだ半蔵門からまっすぐに進む街道を整備して甲州道中としたのである。

さらに、武田氏が支配していた甲斐国《かいのくに》すべてを幕府の直轄地にして、有事の際には甲府に陣を構えるつもりであったと言われる。この甲州道中の第一の宿が内藤新宿であったということになる。

五　内藤清成という人物

　さて、このへんで本題に入ろう。「内藤新宿」の「内藤」とは何かということだ。

　すでに紹介したように、この土地は家康から内藤大和守に与えられたものである。その内藤氏とは「内藤清成《きよなり》」という人物である。

　内藤清成は戦国期から江戸初期にかけて活躍した武将・大名で、まずは内藤新宿の生みの親とも言えるが、後の信州高遠《たかとお》藩内藤氏の始祖でもある。

駿馬塚（多武峯内藤神社）

　清成は弘治元年（一五五五）、三河国岡崎にて竹田宗仲の子として生まれた。内藤忠政の養子となって内藤姓を名乗ったので、もともと内藤家の出自というわけではなかった。一九歳で家督を継いだ後、家康の小姓として信任を得て、以降徳川家に仕えることになる。家康より一三歳年下で、ちょっと年の離れた兄弟のような存在であったと思われる。

清成と同じ扱いを受けたのは青山忠成《ただなり》で、忠成は家康より九歳年下、清成よりも四歳年上で、同じく家康の信任を得たことで知られる。

内藤清成は家康が江戸に入府した際同行し、鉄砲隊を率いて江戸入りの先陣を務めたといわれる。そして、現在の新宿御苑周辺に二〇万坪余りにも及ぶ土地を賜ることになるが、そこにある伝承が残っている。

それは、鷹狩の際、家康に「馬で乗り回した土地をすべて与える」と言われ、清成は白馬にまたがり、一気に駆け巡って広大な土地を拝領したが、白馬は駆けまわった後に息絶えて死んでしまったという駿馬《しゅんめ》伝説である。

現在の新宿御苑の大半は「内藤町《まち》」という町名になっているが、御苑の東側にも一部「内藤町」が残っており、そこに「多武峯《とうのみね》内藤神社」がある。「多武峯」は、奈良は桜井市の多武峯から神社を勧請《かんじょう》したことによるものだが、肝心な点は「内藤神社」であるということだ。その境内《けいだい》に「駿馬塚」が建てられている。

本来は駿馬塚のお堂の戸は閉ざされているのだが、特別な計らいで開いていただいた。

六　水の都「新宿」

以上のような新宿の歴史を見てみると、もともとこの街は庶民の娯楽の街から出発したことがわかる。今の歌舞伎町の繁華街はその象徴と言っていいだろう。

ところが、新宿西口に行くと、様相は一変する。超高層ビルが林立し、また東京都庁はまるで東京の中心はここであるかのように存在感を誇っている。東口と西口の様相の違いにもまた新宿の深い歴史が潜んでいる。

実は新宿には「水」にかかわる歴史がある。江戸の町を造るに当たって、まず必要なのは「水」であった。家康は当初井の頭池から「神田上水」を引いてまかなっていたが、やがて町が巨大化するにつれて、今度は多摩川から水を引くことになった。これが「玉川上水」であった。

二五ページの図をよく見てもらうと、甲州街道沿いに点々と川のようなものが見える。これが明治期まであった玉川上水である。玉川上水は多摩郡羽村《はむら》から多摩川の水を取水し、武蔵野台地を四〇キロ余りにわたって開いた上水である。その上水の終着点がこの内藤新宿であり、ちょうど今の新宿御苑の外れに当たる地点まで開渠で水が送られてきていた。

この玉川上水は多摩郡の庄右衛門・清右衛門の二人の兄弟が私財をなげうって造ったとされ、承応《じょうおう》二年（一六五三）に着手し、翌年完成した。

新宿御苑の大木戸門入口に今も新宿の水道局（東京都水道局新宿営業所）があるが、数十年前まではここに上水の跡が見られた。平成二二年（二〇一〇）より、かつての流れに沿って新宿御苑内に玉川上水内藤新宿分水散歩道なるものができたが、かつての上水はその隣に走っている道路の位置にあった。

今の水道局の地点に水番所が置かれ、水の調整やごみの類の処理を行っていた。その余水はここから新宿御苑の東側を流れ、神宮外苑の西側を通って渋谷に向かっている。これが渋谷川の源流である。

馬水槽（新宿駅東口）

明治に入っても、東京市民はなおかつ玉川上水の水に頼っていたが、明治一九年（一八八六）玉川上水がもとでコレラが発生し、九八〇〇人余りもの命が奪われる事件が起きた。明治政府はこれを機に、近代的な上水道を建設することを決め、中嶋鋭治《えいじ》博士をヨーロッパ視察に派遣した。その際、ロンドン水槽協会から寄贈されたのが写真にある馬水槽《ばすいそう》である。

赤い大理石で作られ、世界で三個しかないと言われている。正面に出ている水は馬、下は猫や犬、後ろに出ている水は人間が飲むものとされた。

近代的な浄水場は明治四四年（一九一一）に全面的に完成した。場所は今の西口の超高層ビル一帯である。東京オリンピックが開催された昭和三九年（一九六四）にはまだ広大な浄水場があったが、翌年東村山に移り、今の西口の開発が始まった。それまで浄水場の入り口にあったこの馬水槽も置き場に困り、昭和三九年（一九六四）に東口に移ってきたということである。

東口の真ん前で、若者に人気のアルタの向かいにあるのだが、誰一人として振り向く者はいない。

新宿についてはまだまだ語るべき歴史が多いのだが、ひとまずこのへんでフィナーレとしよう。

「渋谷」は「渋い谷」のことなのか？

東京の映像として渋谷駅の交差点を歩く群衆を映すのはごく当たり前のことになっている。とりわけ若者にとって渋谷のカルチャーはたまらない魅力であるようだ。

渋谷の地形が谷になっているというのは有名な話である。すると「渋谷」は、果たしてその地形から付けられた地名なのか？　実は、そうは簡単には済まされない真実があった。

その秘密に迫ってみよう。

一　「渋谷」の由来

『新編武蔵風土記稿』の「上《かみ》渋谷村」の項に次のようにある。

○上渋谷《シブヤ》村　上渋谷村は日本橋より行程二里余、渋谷郷谷盛庄に属す、上古は此辺江海に浜して塩谷の里と号す、今に至て此辺を穿つ時は、土中若干尺の下は皆昔時海底の土砂出づ、是以桑滄の変を証とすべしと云、昔左馬頭源義朝に昵近《じっきん》せし、金王丸が旧跡にて、著名の地なり、地名の起りは伝へず、按るに治承中に相模国高座郡渋谷庄司重国あり、若くは其先世の間支族など此地に移りしことありて彼の地名のこゝに移りしにや、又塩屋の里の唱転せしにや

このわずかな文章の中に、「渋谷」の由来の諸説が凝縮されてつまっている。しっかり訳しておこう。重要な言葉には「　」を付した。

○上渋谷村　上渋谷村は日本橋から二里（八キロ）余りの行程にある。「渋谷郷谷盛庄」に属しており、大昔はこの辺は江戸湾の浜であり、「塩谷の里」と呼ばれていた。現在でもこの辺を掘ると土中の何尺か（尺は三〇センチメートル）の下は海底の土砂が出て、これは世の変化の激しさを示すものとされている。その昔左馬頭源義朝に近しく仕えていた金王丸《こんのうまる》の旧跡として有名である。地名の起こりは伝えられていないが、治承年

間（一一七七～一一八一）に相模国高座郡渋谷庄に渋谷の庄司を務めていた「重国《しげくに》」という人物がおり、あるいはその支族などがこの地に移ってきたことがあってこの地名になったのかもしれない。あるいは「塩屋の里」が転訛したものかもしれない。

この文章で理解しておくべき点をまとめておこう。

①渋谷村は、昔は「渋谷郷」の「谷《や》盛庄《もりのしょう》」と呼ばれていたこと。今の渋谷の地形を見てもわかるように、谷の周辺に山が続いている。そのことをこの「谷盛」という地名は示している。

②大昔ここは江戸湾の海に面していて「塩谷《しおや》の里」と呼ばれていた。引用の最後に書かれている「塩屋の里」は同義と見ていいだろう。

③源義朝に与《くみ》していた「金王丸」という人物の旧跡があること。

④そして、最も重要なことは、治承年間に相模国高座郡「渋谷庄」に「重国」という人物がおり、その一族がこの地に移ってきたことにより「渋谷」という地名ができたかもしれないということである。

これらのうち、①と②は、あるいはそうかもしれないというだけで、確証を得る術《すべ》もない。問題は③④の「金王丸」と「渋谷重国」という人物から「渋谷」という地名ができたという説である。これにはそれなりの根拠がある。それを次に検討することにしよう。

二 「渋谷氏」と「渋谷」

先に挙げた「金王丸」も「渋谷重国」も実は同族の「渋谷氏」である。渋谷氏は平安末期から鎌倉時代にかけて活躍した一族だが、織田家とか徳川家ほどの名門ではなかったので、その家系をたどるのはかなり複雑でわからないことも多い。

このような場合は、思い切って簡略化し、わかっている部分を明確にすることが必要である。

「渋谷氏」とはまず、桓武平氏《かんむへいし》の流れを汲む一族であることを押さえておこう。桓武平氏の一族は関東地方に広く分布しており、千葉常胤《つねたね》に代表される「千葉氏」、秩父地方に根付いた「秩父氏」、今の東京近くに勢力を張った「豊島氏」など、関東の武士団の多くは桓武平氏を祖とした武士団である。

そして「渋谷氏」は「秩父氏」の流れから起こった一族である。まずこのことを理解しておこう。

簡単にいうと、秩父武綱に二人の息子があり、長男の重綱《しげつな》からは後に「河越氏」の家系と「江戸氏」の家系が発展する。

そして次男の「基家《もといえ》」は「河崎」を名乗り、説はわかれるが、この基家から現在の渋谷の地を知行したとも言われる。

渋谷氏で重要なのは次の「重家《しげいえ》」である。この重家にこんな伝説がある。

――戦《いくさ》で戦功を挙げた重家は京都に上って御所の警護に当たっていた。ある晩のこと、二人の盗賊が忍び込んできた。重家は勇敢に戦い、一人を切り倒し、もう一人をとらえて名を名乗らせたという。賊は「我こそは、相模国の住人、渋谷権助《ごんのすけ》盛国」と答えたという。救われた堀河院は大いに喜んで「これより河崎をやめて渋谷を名乗れ」と言った。そこで重家は渋谷重家の名前を変え、またこれまで支配していた谷盛《やもり》の名を「渋谷」と変えた――というのである。

渋谷氏の系図

これが今まで伝えられてきた説だが、一方では、堀河院から重家の名前と本貫（本籍）を尋ねられ、「谷盛庄渋谷」と答えたことにより、「渋谷姓」を名乗るようにとの詔《みことのり》を賜ったという説もある。

三 「金王丸」とは何者？

いずれにしても、「渋谷」という氏名と地名が誕生したのは、この重家の時代であったことは間違いない。

重家に「重国」という息子がいたことは歴史上確認されている。『新編武蔵風土記稿』によれば、重国は相模国高座郡渋谷庄の庄司であったとされる。その重国が現在の渋谷に移ってきたとも考えられるが、逆に今の渋谷にいた重国が相模国に移ったという説もある。

その辺になると、史実を確認するのはとても難しい。重国に金王丸という弟がいて、重国は弟の金王丸に現在の渋谷を譲って祖父の基家が知行していた相模国の庄司となったという説である。

JR渋谷駅の南口から一〇分も行かないところに「金王《こんのう》八幡宮」がある。この境内周辺がかつて渋谷氏が居城していたところで、「渋谷城」の跡とされる。渋谷の雑踏をふと忘れてしまいそうな落ち着いた風情で昔の渋谷を楽しむことができる。

社記によると、この八幡宮は渋谷氏の始祖、河崎基家が寛治六年（一〇九二）に創建したものという。現在の社殿はたびたびの修理は施されているものの、江戸初期の建築様式をとどめている貴重な建物である。

境内の一角に「金王丸御影堂」なる小さな祠が建てられている。このお堂の中に「渋谷」地名のルーツとなった金王丸の木像が安置されているという。ふと看板を見ると「祭礼日　三月最終土曜日　御開帳」と書かれている。ということは、年一回しか拝顔できないということだ。

金王丸木像（提供：金王八幡宮）

無理なことはわかりきった話だが、思い切って中の金王丸像を拝見できないかと社務所に問い合わせてみた。ただ、通常頼んでみても無理なことはわかっている。
が、先日この像を紹介したテレビ番組でガイド役を務めたことをお話ししたら、快くデータならお貸しできますということで、写真のような実物像を紹介できることになった。

金王丸は社記によれば、渋谷重家夫妻がこの八幡宮に授児祈願を続けたところ、八幡神の霊夢によって永治元年（一一四二）八月一五日に金王丸が誕生したという。一七歳のとき、源義朝に従って保元《ほうげん》の乱に出陣。後に頼朝とも親交が深く、義経追討の命を受け、文治元年（一一八五）一〇月二三日夜、京都にあった義経の館に討ち入り、勇ましい最期を遂げたといわれている。しかし、重国と金王丸との関係は詳かではない。

この御影堂の像は、保元の乱出陣の際、自分の姿を彫って母に遺したものだという。

四 「道玄坂」

渋谷といえば、もう一つ伝説めいた地名を外すわけにはいかない。「道玄坂《どうげんざか》」である。これには盗賊にまつわる伝説が残っている。『江戸砂子』にはこう記されている。

○道玄坂　しぶやより世田ヶ谷へ行道也。此坂を過て上目黒に至ル。道玄寺といふ寺あり。道玄、氏は大和田也。和田義盛が一族なり。建暦三年五月反逆ありて和田の一族亡ぶ。その残党此所の岩窟《がんくつ》にかくれ、山賊《さんぞく》す。熊坂が類《たぐ》ひ也。本名大和田なるゆへ、今その名をよぶ。

和田義盛（一一四七～一二一三）は平安末期から鎌倉前期の武将で、幕府では初代侍所別当を務めた。後に北条義時と対立し、建暦三年（一二一三）乱に加わり敗北し、滅亡した。道玄は和田一族の残党で、この坂で山賊を働いていたので、「道玄坂」という地名が生まれたとされている。

道玄坂の碑

ところが何年ぶりかに道玄坂を歩いてみたら、渋谷区教育委員会の名で次のような標識が立っていた。

江戸時代以来、和田義盛の子孫大和田太郎道玄がこの坂に出没して山賊《さんぞく》夜盗《やとう》のように振る舞ったとの伝説がありました。しかし本来の道玄坂の語源は、道玄庵という庵があったことに由来すると考えられます。

平成一六年（二〇〇四）度に建てられたものだが、このような解釈もあるのだろう。

その隣に昔ながらの道玄坂の碑が建てられている。そこには山賊説が記されている。碑の隣には、歌人与謝野晶子《よさのあきこ》の歌碑が建っている。新婚生活をこの道玄坂で過ごしたとのこと。

この道玄坂は江戸時代には「大山道《おおやまみち》」と呼ばれた街道である。この坂を上り切って道を進むと世田谷に出、さらに相模国の大山につながる街道である。

「青山」の「青い山」はどこにあるのか？

東京でもオシャレな街として知られる「青山」。神宮外苑の入口から見た銀杏並木は晩秋ともなると見事な美しさを見せてくれる。

赤坂見附から渋谷につながる青山通りは昔ながらの街道とも聞く。この通りは、渋谷からさらにどこにつながるのか？

そもそも「青山」とは「青い山」に関係あるのだろうか。あるとすればどこにその「青山」はあるのか。

「青山」にまつわる謎解きの旅に出よう。

一　青山通りは「大山道」だった

　オシャレな街「青山」とはいっても、その街はほぼ現在の「青山通り」に限定されている。一本の大きな「青山通り」沿いにオシャレな街が続いている。この道こそ江戸時代に「大山道」と呼ばれた街道であった。

「大山」とは神奈川県にある山で阿夫利《あふり》神社があることで知られている。標高一二五二メートルで、新幹線からよく見える三角形の山である。「阿夫利」とは「雨降り」のことで、いわば「雨乞い」の神様で、関東一円の農民からの信仰を集めていた。

　大山の阿夫利神社には関東一円から多くの人々が詣でたが、特に江戸方面からはこの大山道が用いられた。もとはといえば東海道の脇街道として設けられ、足柄峠の「矢《や》倉沢《ぐらざわ》」で東海道と合流していたために「矢倉沢往還」とも呼ばれた。その矢倉沢往還の途中で多くの人々が大山に行くというので、「大山道」と呼ばれたのである。

「青山一丁目駅」から「表参道駅」に向かい、さらに渋谷方面に向かうとやがて「宮益《みやます》坂《ざか》」という坂を下ることになる。その先はもう渋谷駅で山手線のガードをくぐると忠犬ハチ公の像がある駅前に出るが、さらに直進すると「道玄坂」を上ることになる。これがかっての「大山道」である。若者であふれかえる渋谷駅だが、この事実を知って歩いている人はほとんど皆無に近いであろう。

道玄坂を上り詰め、さらに世田谷方面に向かうことになるが、この道の上には首都高が走っていて、昔の街道筋の面影はまったくない。さらに進むと「三軒茶屋」に出るが、ここで道は二つに分かれる。かつての街道はまっすぐ世田谷方面に向かっていた。この分岐点に「信楽《しがらき》」「田中屋」「角屋《かどや》」という三軒の茶屋があったことから「三軒茶屋」という地名がついた。

三軒茶屋の駅前に写真のような「大山道」という石碑が建てられている。今の青山通りにはかつての大山道の痕跡を残す跡は残されていないが、これで大山道の雰囲気は感じてもらえるだろう。

大山道の道標（三軒茶屋）

二　青山忠成

話を青山に戻そう。神宮外苑の入口から西にちょっと行ったところに梅窓院《ばいそういん》という浄土宗の寺院がある。実は「青山」という地名の謎を解く鍵はこの寺院にある。

青山通りに面している入口から入ると両側に竹林を植えた参道があるが、その先にある山門に「長青山《ちょうせいざん》」という山号が刻まれている。梅窓院は、徳川幕府の老中青山幸成《よしなり》公が寛永二〇年（一六四三）逝去したときに建立《こんりゅう》されたものだが、「梅窓院」という名は青山幸成公の戒名「梅窓院殿香誉浄薫大禅定門」からとったものだという。

梅窓院というお寺はこのように青山幸成公にちなむものだが、実は青山氏がこの地に居を構えたのは青山幸成公の父に当たる青山忠成《ただなり》（一五五一〜一六一三）という人物であった。

『御府内備考』に次のように記されている。


青山は、天正十九年青山常陸介忠成が宅地に賜りし地なり。青山家譜或云、青山忠成十万石の時は、今の青山の地一円に家鋪なり、その後忠俊幸成兄弟街道を隔て住す

解説を加えて訳すと、こうなる。

青山は天正十九年（一五九一）青山常陸介忠成が宅地を賜った地である。青山家譜によると、青山忠成十万石のときは、今の青山の地一円は青山家の屋敷であった。その後忠俊（忠成の次男）幸成（忠成の三男）が街道（大山道）を隔てて住んだ。

天正十九年とは徳川家康が江戸に入府した翌年のことである。わかりやすくいうと、家康が江戸に入ってすぐに忠成にこの地を与えたということになる。

青山忠成は三河国岡崎生まれで、家康より九歳年下であり、幼時から家康の小姓を務めていた仲であった。後に秀忠に仕えたが、天正一八年（一五九〇）家康の関東入国に当たって同行して関東に入り、関東総奉行、江戸町奉行・老中を務めるなど、実務を担当する有能な武将として活躍した。

「青山」という地名はこの地に「青山忠成」が広大な土地を家康から賜ったことによっている。

家康は昔お世話になった人を大切に扱う義理堅いところがあったというのが私の個人的印象である。ほとんど同じ扱いをしているのが、「新宿」のルーツになった内藤清成（一五五五～一六〇八）である。清成は忠成よりも四歳年下だが、ほぼ同じ世代に属し、やはり三河国出身の武将である。幼い頃より家康に仕え、家康関東入国と同時に関東入りしている。

この二人には同じような伝説が残されている。先に引用した『御府内備考』には、その後「御成の節青山家に命せられ、老馬を以一円に乗廻すべし、其地を給はるべきのよし、命に依て青山家即老馬に乗て一円に乗廻されしを給はるところの地なり」と書かれている。簡単にいえば、老馬に乗って一円に乗り回した範囲の土地をそっくり与えると家康が命を出し、その土地を賜ったというのである。

いずれにしても、青山清成が賜った屋敷は広大で現在の青山霊園を中心にその周辺にも広がっていたと見られている。青山霊園だけでも約八万坪という広さなので、とてつもなく広い屋敷であったと推測される。

三　青山氏のルーツ

図で示すように、青山忠成には息子が三人いたが、長男の忠次は早くして亡くなってしまったため、後は次男「忠俊」と三男「幸成」が継ぐことになったが、二代将軍秀忠の時代に青山忠成と内藤清成は秀忠の怒りに触れる事件に直面して窮地に追い込まれることになる。

問題は極めて単純な話であった。徳川時代には鷹狩が江戸周辺でよく行われていたが、鷹狩の直前は獲物を野に用意しておくことが必須の条件であった。ところがたまたま将軍が鷹狩に出かけたとき、大切な獲物を確保する仕掛けがしてあったということが発覚して青山忠成と内藤清成が土地を没収されるという事件に発展したのである。

元和九年（一六二三）次男「忠俊」が家光の勘気を蒙《こうむ》り、岩槻《いわつき》（埼玉県岩槻市）と青山の所領を没収されることになった。その後寛永九年（一六三二）三男「忠俊」が許しを得て、青山の土地も返されたのだという。

このようないきさつで、青山の土地は青山氏に戻され、その後この地に三男「幸成」ゆかりの梅窓院が建立されることになったのであった。

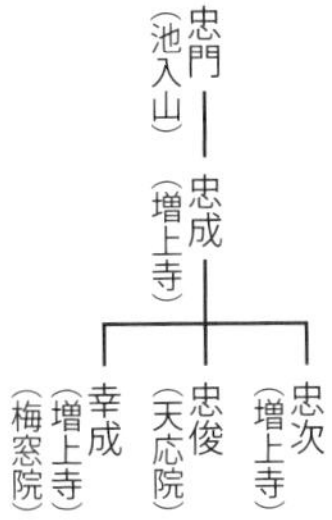

青山氏の略系図
（宇高良哲『梅窓院史』内の図をもとに作成）

このようないきさつがあって、現在の梅窓院には青山忠成の墓地はなく、芝増上寺《ぞうじょうじ》に葬られている。梅窓院には青山幸成と側室の墓がある。

幸成の子孫はその後美濃国郡上藩主として明治維新に至っているが、青山家は代々この青山の地に下屋敷を持ち、その流れもあって現在も青山では郡上踊りの行事が続いている。青山は岐阜県の郡上市とも深い縁があったのである。

四 「星提灯」

大山道をはさんだ青山には昔からいくつかの伝統行事があったが、その一つが「星提灯《ほしちょうちん》」と呼ばれる行事だった。「星灯籠《ほしとうろう》」とも呼ばれる。「表参道駅」の南一帯が江戸時代「百人町」と呼ばれた地域で、鉄砲百人組と称する下級武士（与力・同心）が住んでいた。新宿にも「百人町」があり、今もその町名が残っている。新宿の百人町は甲州街道（道中）、青山の百人町は矢倉沢往還（大山道）を護るという役目を負っていた。

六月の晦日から七月の晦日まで、ここ青山百人町では家ごとに高い竿を立てその先に提灯をぶら下げて高さを競うといった行事が行われていた。これは二代将軍秀忠が亡くなった寛永九年（一六三二）から始められたという。もちろん秀忠の死を悼み慰めるところから発したものである。

七代将軍徳川家継《いえつぐ》がこの行事を見て、なぜこのような提灯を立てるか訊き、事情を知って感嘆したという話も伝わっている。

五　「青山」のルーツは群馬県だった

オシャレな街「青山」が家康ゆかりの「青山忠成」に由来することは理解されたことだろう。青山忠成は三河国生まれだと言ったが、実は青山氏のルーツは三河国ではなく、群馬県中之条町《なかのじょうまち》にある「青山郷」である。現在も中之条町には「青山」という町名が残っているが、そこが青山氏のルーツである。

さらにさかのぼれば、花山院流の藤原氏である藤原師重が上野国吾妻《あがつま》郡青山郷に移って「青山」と名乗ったとされる。とりあえず、「青山」という姓を名乗ったのは、この群馬県の「青山郷」であったことは間違いない。

こうなってくると、その「青山郷」を確かめなければ始まらない。これは地名作家の意地のようなものである。

昔は高崎駅で乗り換え渋川経由の吾妻線で草津方面に行ったものだが、現在は上野駅から直通の特急が走っている。二時間もかからずに中之条駅に着いてしまった。駅から青山の集落までは、タクシーで十分足らずの距離だ。

吾妻川のほとりに小高い山が聳《そび》えている。それが「青山」という地名のもとになった

「青山」という地名のもとになった青山

「青山」という山だ。信州育ちの私には「山が青い」というのはよくわかる道理だ。近くで見れば樹々は緑に見えるが、遠くから見ると「山は青い」のである。そんなことがよくわかる「青山郷」の風景であった。

あのオシャレな街「青山」のルーツは群馬県の山中にあったことは記憶にとめていい話だ。

「池袋」の「袋」は何の袋なのか？

「池袋」といえば、今や東京を代表する繁華街の一つ。かつては新宿や渋谷にひけをとっていたが、ＪＲ池袋駅の利用者数は新宿駅に次いで第二位、東武・西武・東京メトロでは第一位を誇っている。その「池袋」ってどういう意味だろう。「池」に関係あるのか？それに「袋」って何だろう？　そういえば西武新宿線には「沼袋」なんて似た名の駅もあり、その周辺は「沼袋」となっている。その真相に迫ろう。

「いけふくろう」像

ＪＲ池袋駅に「いけふくろう」なる石像が設置されたのは昭和六二年（一九八七）のことである。それまで「国鉄」と呼ばれていたのがＪＲと民営化されたことを記念して作られたオブジェである。一般には池袋駅東口にあるといわれているが、実は「北口」といったほうがわかりやすい。ＪＲ池袋駅の北口を出て右側に行ったところにその像が設置されている。

若い人たちの待ち合わせ場所として人気を呼んでいるが、なぜ池袋駅に「いけふくろう」の像なのか、少し理解に苦しむところではある。

さらに、その後ろには「池袋の由来」として、こう書かれている。

「池袋」という地名の由来は袋のような盆地の窪地に多くの沼地があった。このような地形の印象から「池袋」というようになったのではないだろうかと言われている。その地名にあやかりここに「ふくろう」の石像を設置しました。

この石像を作ったのは栃木県の「鈴木石材工業」という会社で、設置者は池袋駅、この文章も最終的には池袋駅の「文責」ということになるのだろう。「ふくろう」というのは単なる「いけぶくろ」との語呂合わせだから、特に意味もないし、またそれに反論するほどのこともない。ただ、楽しめばいいことだ。

ここでの役目は「池袋」の地名のルーツを探り当てることだ。このコメントによると「袋のような盆地の窪地に多くの沼地があった」とされる。すると、「袋」というのは「盆地」のことになる。つまり、袋状の盆地に多くの沼地があったという説になる。これは正しいか？　はたして この地に盆地があったのか？

二　「池袋地名ゆかりの池」

池袋駅の近くには、もう一つ池袋という地名に関するモニュメントがある。それは西口を出て少し左手のホテルメトロポリタンの前にある。「元池袋史跡公園」とはいってもほんの一角にスペースがあるだけの広場なのだが、そこに「池袋地名のゆかりの池」という碑が建っている。文字通り受け取れば、ここに「池」があって、そこから「池袋」という地名が生まれたととることができる。

その脇には「東京都豊島区教育委員会」の名で、「池袋地名の由来」という看板が建てられている。そこにはこうある。

むかしこのあたりに多くの池があり、池袋の地名は、その池からおこったとも伝えられている。池には清らかな水が湧き、あふれて川となった。この流れはいつのころから〔ママ〕弦巻川《つるまきがわ》と呼ばれ、雑司《ぞうし》が谷《や》村の用水として利用された。

池はしだいに埋まり、水も涸れて今はその形をとどめていない。これは、むかしをしのぶよすがとして池を復元したものである。

「池袋地名ゆかりの池」の記念碑

最後の「これ」はどうやら池があったとされる公園を指したものらしい。先ほどの「いけふくろう」の説に比べれば、こちらの方が信憑性が高いとも思えるが、しかし、それにしても「池袋の地名は、その池からおこったとも伝えられている」と記しているように、いかにも自信なさげである。

しかし、「このあたりに池があった」という説にはいかにも無理がある。なぜかというと、現在の池袋の周辺は東京都内でも高台にあり、この辺に多くの池があったというのはとても信じられないからである。

西口ではわかりにくいが、東口前の広い道路をまっすぐ雑司ヶ谷方面に向かうと、街並みが切れるあたりから急な坂道となって護国寺方面に落ちていく。また、東口前を通る明治通りを左手に進むとやはり高速道路と交わるあたりで、急に地形が落ち込んでいく。また、逆に目白方面に向かうと西武デパートの先で大きく落ちていく。要するに池袋はこの周辺でも高台にあって、ここに多くの池があったという説は当たっていない。

そこで、真相を確かめるために、豊島区の教育委員会に問い合わせてみた。何を根拠にしてこの地に多くの池が多かったといえるかという一点である。しかし、教育委員会でもその根拠をつかんでいないとの回答であった。ならば、あの記念碑は何なのか。一向に真相の解明にはつながってこない。

三　文献で探る

この問題究明の手がかりは『新編武蔵風土記稿』にあった。文政一一年（一八二八）に成った江戸幕府編纂《へんさん》の地誌であり、極めて資料的価値が高いものである。そこにこう記されている。

○池袋村　池袋村は地高して東北の方のみ水田あり、其辺地窪にして地形袋の如くなれ

ば村名起りしならん

正確に訳すと、「池袋村は土地が高く東北の方面だけに水田があり、その辺の土地が窪地になっていて地形が袋のようになっているのでこの村名が起こったのであろう」ということになる。さらにその後、次のように書かれている。

戸数は百二十九、東は新田「堀之内村」、西は「中丸村」、南は「雑司ヶ谷村」、南東は「巣鴨村」と少し接し、北は「金井久保村」に接している。東西は五町（約五五〇メートル）、南北十三町（約千四百メートル余り）。用水は仙川用水を引き、江戸大塚から板橋につながる道に少し掛かっている。その幅三間ばかり。

現在残っている地名との関連でいえば、南に「雑司ヶ谷村」、南東に「巣鴨村」が接していたということになる。すでにお気づきかもしれないが、昔の池袋村は今の池袋駅の周辺ではなく、今の場所から見ると北東方面にあったことになる。

なぜそうなったか？　その解答は意外に単純である。現在の位置に池袋駅が設置されたのは明治三六年（一九〇三）のことであり、その駅は当時の池袋村から外れた場所に設置されたからであった。

こういう話はどこにでもある話で、原野同様の場所に駅を設置したとしても、その近くの有力な地名を採用して駅名にすることはよくあることで、わかりやすい話である。

池袋村から外れたところに設置された今の場所に多くの人々が集まり、その後繁華街に発展していったということになる。

四　「池袋」の真相を見る

それでは、かつての「池袋」はどこにあったのか、今はどうなっているのか、その真相を明らかにしてみよう。

池袋駅の東口に出て、明治通りを左手に進んでみよう。数分で首都高速5号の下を池袋駅からの道はくぐるが、ここで大きく高台を下ることになる。まっすぐ滝野川方面に進んでいく。すると左手の住宅街の中に「子安稲荷神社」という小さな神社が鎮座している。これは位置的に見て『新編武蔵風土記稿』にも載っている「氷川社」である。

そこからずっと緩やかな坂道を下っていくことになるが、その坂道を下りきったところ

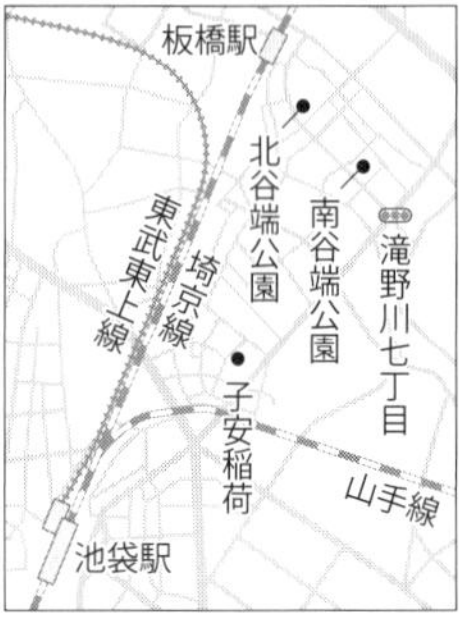

池袋周辺地図

南谷端公園（かつての池袋）

が「滝野川七丁目」の交差点である。そこから先は上り坂になっている。その交差点に直角に交わっている道路はかつては「川」であった。この通りは今は暗渠になっているが、かつては文京区に流れていた千川《せんかわ》という川を埋めたものである。

その交差点を左手に進むと、その名も「南谷端公園」と「北谷端公園」という公園が少し離れて市民に公開されている。この「谷端」という地名に注目！　「谷端」とは「谷の底にある沼の端」という意味であり、ここが「池袋」であったことを推測させる。

川沿いに連なる「袋状の池」が存在していて、そこから「池袋」という地名が誕生したのである。

その池袋の先はもうＪＲ埼京線の「板橋駅」である。昔の池袋は板橋に近かったのだ。

一つも洲がないのになぜ「八重洲」？

「洲」は「砂地」を意味する地名である。となると、東京駅の新幹線側は砂地だったのか？　こんな疑問が湧いてくる。さらに「八重」がつくと、洲が八重に重なっていたのだろうか？　しかし、この地が洲であったという話は聞いたことがない。どうやら、洲が幾重にも重なっていたという事実はなさそうだ。

ではこの「八重洲」という地名にはどんな歴史が隠されているのだろう。その真相に迫ってみよう。

━ 家康の時代の事件から

話は徳川家康の時代までさかのぼる。今から四〇〇年以上も前の慶長五年（一六〇〇）

オランダ船リーフデ号が豊後沖に漂着した。現在の大分県臼杵《うすき》市佐志生《さしう》である。リーフデ号の船長はウイリアム・アダムズというイギリス人。一五九八年六月、リーフデ号はオランダのロッテルダムを出航し、アフリカの南端の喜望峰を回ってインド洋を経て日本にたどり着いたのは一六〇〇年の三月のことであった。

長い苦しい航海でリーフデ号は見るも無残な状態で、一一〇名の乗組員のうち生存者はわずか二四名しかいなかったという。

臼杵藩主の太田一吉《かずよし》は、ウイリアム・アダムズの訪問を受け、大坂城にいた徳川家康に知らせたという。この一六〇〇年という年はいうまでもなく関ケ原の決戦の年であり、家康はこのリーフデ号を巧みに利用して、関ケ原の決戦に臨むことになる。つまり、家康はリーフデ号に積んであった大砲を活用して関ケ原の決戦で勝利を収めることになったというのだ。

それ以降ウイリアム・アダムズは家康の信任を得、江戸に幕府を開いた家康は日本橋小田原町に屋敷を与え、さらには慶長一〇年（一六〇五）には相模国

三浦按針屋敷跡の碑

三浦郡逸見《へみ》に二五〇石の知行を与え「三浦按針《あんじん》」と名乗らせた。

その後、家康の庇護のもと、南方貿易に大きな力を尽くしたが、元和六年（一六二〇）五五歳の生涯を平戸で閉じている。

三浦按針の屋敷があった町は後に「按針町」と呼ばれ、日本橋から少し入ったところに（日本橋室町一丁目）、屋敷跡の記念碑が建てられている。

二　「八代洲」はどこにあったか？

さて、このリーフデ号にオランダ人の航海士が乗り合わせていた。その名を「ヤン・ヨーステン」といった。年齢的にはアダムズより八歳くらい年上だったといわれている。ヤン・ヨーステンもまた家康の信任を得、外交顧問として活躍した。慶長一七年（一六一二）から元和七年（一六二一）までは自ら朱印状を得て、タイやインドシナ半島との貿易に大いに貢献した。

アダムズと同様、日本人と結婚して屋敷を与えられ、そこから「八代洲《やよす》」という地名が生まれた。その「八代洲」が明治以降「八重洲」となったとされている。

さて、問題はその「八代洲」がどこにあったかである。現在の感覚では、東京駅をはさんで皇居側が「丸の内」、海側が「八重洲」と区分されているので、肝心の「八代洲」は現在の八重洲側にあるものと考えてしまうが、実は逆で、現在の「丸の内」側にあったことが確認されている。

幕末に出された『江戸名所図会』にはこう記されている。

八代曾河岸《やよそがし》　和田倉門の外の御堀端をいふ。天正以前はこの地波打際にて、漁者の住家《すみか》のみなりしとぞ。その後日比谷《ひびや》町《ちやう》と云ひて肴店《さかなだな》多き町屋《まち》となりしに、慶長の頃ヤンヤウスハチクワンといへる異国人にこの地を給ふとぞ。

簡単に訳すとこうなる。八代曾河岸とは「和田倉門」の外の御堀端をいう。天正（一五七三～一五九二）以前は波打ち際で漁師の住家しかなかった。その後日比谷町となって肴屋が多い町になったが、慶長（一五九六～一六一五）の頃ヤン・ヨーステンという異国人に与えた。

「八代洲河岸」跡

『江戸名所図会』では「八代曽」という漢字を当てているが、文献によって「八重数」「八重洲」「治容子」「耶揚子」などさまざまな表記をしている。しかし、基本はヤンヨーステンの人物名に由来している点では一致している。

実際に現地で確かめてみよう。東京駅の丸の内側の正面の道を皇居寄りに歩いていくと、堀に出るが、そこが旧和田倉門跡である。今は門は残されておらず石垣だけだが、そこから明治生命館方面につながる御堀端がヤン・ヨーステンが屋敷を賜った「八代洲河岸」跡である。

三 「丸の内」と「八重洲」

周知のように、現在は東京駅の新幹線側を「八重洲」といい、反対側の皇居側を「丸の内」と呼んでいる。だから、本来ならば、「八代洲河岸」は今の「八重洲」側になければならないのに、実は現在の「丸の内」側に位置している。どうしてこんなことになってしまったのか?

実は六九ページの写真で紹介したエリアは、明治に入ってから「八重洲町」という町名になっていた。ところが、昭和四年(一九二九)にこの辺一帯を合併統合して「丸ノ内一

〜三丁目」にした際、「八重洲町」は「丸ノ内二丁目」に吸収されてしまったのである。地図上からは消えた形でも、地元の人々はなお、この地を「八重洲」と呼んでいたのである。

その面白い証拠をかつて発見した。その昔、まだ丸の内側の南口前に中央郵便局の美しいビルが建っていた頃の話である。その裏側に何と「丸ノ内八重洲ビルヂング」というビルがあることを発見した。今から二〇年近くも前のことである。昭和三年（一九二八）竣工のビルだった。

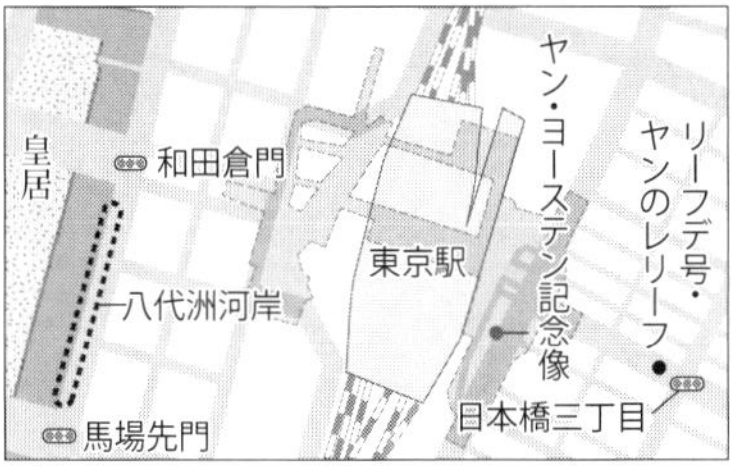

東京駅周辺地図

当時の中央郵便局は今は「ＫＩＴＴＥ」となり、丸ノ内八重洲ビルヂングは解体され、丸ノ内パークビルディングの外壁に利用されている。これも時代の移り変わりなのであろう。

この地域が二つに分かれることになったのは、大正三年（一九一四）にここに東京駅ができたことによる。新橋からの鉄道が北に延びるようになり、この地域は分断されることになってしまった。その後、駅の皇居側を「丸ノ内」、反対側を「八重洲」としたのだった。

ヤン・ヨーステン記念像

リーフデ号・ヤンのレリーフ

四　ヤン・ヨーステンのモニュメント

東京駅には昔からヤン・ヨーステンの像が何気なく置かれていた。今は八重洲地下街の南口通り近くに安置されている。説明板もあるので、まずはここに足を運んでみるとよい。地上に出ると、記念平和の鐘の下に、リーフデ号とヤン・ヨーステンの像がレリーフとなって埋められている。

これらのモニュメントが「八重洲」に置かれているために、ヤン・ヨーステンの屋敷も現在の八重洲にあったと思いがちだが、それは錯覚というもの。東京の謎は歩いてみなければわからない。それも楽しみの一つだ。

第二章

江戸の歴史と地名ミステリー

「御茶ノ水」という町名がないのになぜ「御茶ノ水」？

東京に住む人でなくとも「御茶ノ水」「お茶の水」という地名はよく知っている。だが、この地に「御茶ノ水」「お茶の水」という「町名」は存在しないし、かつても存在したこともない。

現在の町名は神田川の北は「湯島《ゆしま》」であり、南側は「神田駿河台《するがだい》」だ。現在あるのは「御茶ノ水」という駅だけだ。そんな御茶ノ水の真相を探ってみよう。

一　「御茶ノ水」は存在しない!?

もともと地名というのは土地につけられた名前なのだから、地図上に名前があっていいはずだ。例えば「新宿」は「新宿区」という区名もあるほどだから、「新宿」という町名は存在する。同じことは「渋谷」にも「池袋」にも言える。東京のほとんどのブランドの地名は同じ「町名」が存在している。

だが、「御茶ノ水」という町名は存在しない。神田川の南側にあるのは千代田区「神田駿河台一～四丁目」だし、北側は文京区「湯島一～四丁目」である。そもそも二つの区をはさんで一つの「地名」が存在しているのも珍しい。

そう考えてくると、「御茶ノ水」で待ち合わせるといっても、実は架空の場所で待ち合わせていることになる。JRの「御茶ノ水駅」前で待ち合わせたとするならば、正式には「神田駿河台」で待ち合わせるというべきだし、地下鉄の「御茶ノ水駅」で待ち合わせるとしたならば、「湯島」で待ち合わせるというべきなのだ。

それでも「御茶ノ水」での待ち合わせが可能になっているのは、「御茶ノ水」という駅があるからだ。駅名はJRと東京メトロ丸ノ内線は「御茶ノ水駅」、東京メトロ千代田線は「新御茶ノ水駅」である。「御茶ノ水」といった場合、その地名が指しているのは、これらの駅からせいぜい二〇〇～三〇〇メートルの範囲内と言っていいだろう。

私がよく使っている「山の上ホテル」は「御茶ノ水」だが、古本屋街まで降りてしまうと「神田」という呼び方になる。

このように町名にはなくても駅名などで広く使用されている地名を「通称地名」と呼んでいる。「御茶ノ水」はその典型だが、「秋葉原」などもその類である。

二 「御茶ノ水」はどこにあったか?

駅名は「御茶ノ水」という漢字を使っているが、地名としては「お茶の水」と書くこともある。とりわけ、かつてここにあった東京女子高等師範学校が文京区の大塚に移って戦後「お茶の水女子大学」に名を変えたことによって「お茶の水」という表記が親しまれてきたということもある。さらに、『鉄腕アトム』で「お茶の水博士」が登場したことが拍車をかけたこともある。ただ、本書では基本的に「御茶ノ水」という表記で通すことにする。

「御茶ノ水」の語源が江戸時代初期、ここに湧出した水で将軍にお茶を献上したことにあるという話はまあよく知られた話である。まずは、その根拠になる文献を紹介しよう。享保一七年(一七三二)に出された『江戸砂子《すなご》』にはこう記されている。

○御茶の水　聖堂の西手。此井名水にて、御茶の水にもめしあげられたり。神田川ほりわりの時、川のふちになりて水際にかたちのこる。享保十四年、江戸川洪水の後、川はゞをひろげられし時、川の中になりて今はそのかたちもなし。

この御茶の水の名水はかつてこの地にあった高林寺《こうりんじ》の境内にあったことがわかっている。そのことを『江戸砂子』では「駒込高林寺」の項で詳しく書いている。簡単に訳してみると、このようになる。

高林寺は慶長九年（一六〇四）元神田から御茶の水に移ったが、その時の屋敷は表七十六間（約一四〇メートル）、奥行き百三十六間（約二四五メートル）あり、その後屋敷内の御堀となって清水が湧いたので、台徳院《たいとくいん》殿（徳川秀忠）、大猷院《だいゆういん》殿（徳川家光）の御茶の水に仰せ付けられ、そのことから御茶の水の高林寺と呼ばれるようになった。

これによると、御茶の水は二代将軍秀忠と三代将軍家光に献じられたことがわかる。ところが、明暦三年（一六五七）の大火によって焼失し、高林寺は現在の駒込に移ったとされ、その御茶の水がどこにあったかはよくわからないでいた。

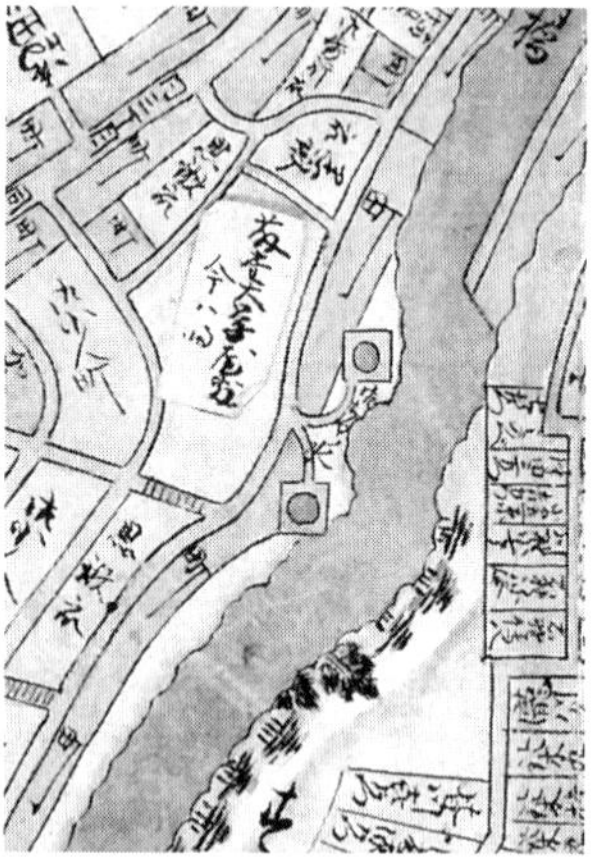

御茶の水の井戸（『明暦江戸大絵図』）

ところが、ようやくその地点がわかる地図を発見した。図は『明暦江戸大絵図』だが、そこに二カ所の御茶の水の井戸が描かれている。これは大きな発見であった。現在でいえば、順天堂病院の前あたりである。

三 「茗渓」と呼ばれた

ＪＲ「御茶ノ水駅」の所在地は、「千代田区神田駿河台二丁目６－１」で、東京メトロの「御茶ノ水駅」の所在は「文京区湯島一丁目５－８」である。神田川をはさんで二つの区が向き合っている以上、当たり前の話である。

この神田川は人工的に開削《かいさく》した川であることで知られる。水道橋から秋葉原に至る約一キロ余りの神田山を切り崩して、神田川を隅田川に通す工事を行ったのは二代将軍秀忠の時代であった。

なぜこんな工事をしたかというと、最大の理由は赤坂から四谷・市谷・飯田橋とつながる外堀を隅田川に直結させることによって、江戸城の外堀を完成させようとしたことにある。そのため、本郷方面に連なっている神田山を二つに切り、神田川を開削したということである。開削してできた南側（神田側）の台地は「駿河台」と呼ばれることになった。家康ゆかりの駿河の人々が住んだからである。その代表的な人物の一人が大久保忠教《ただたか》（通称、彦左衛門）（一五六〇～一六三九）で、現在の杏雲堂病院の地点に屋敷があった。

左の図は『名所江戸百景』に掲載されている「昌平橋」の絵だが、山が開削された姿を見事に描いている。昌平橋は現在もあるが、この橋を渡って本郷方面に向かうのが旧中山道だが、絵の正面に見える坂は湯島の聖堂の前の相生坂《あいおいざか》であろう。

昌平橋（歌川広重『名所江戸百景』）

この谷は「御茶の水」にちなんで「茗渓《めいけい》」とも呼ばれた。「渓」は文字通り渓谷のことだが、「茗」とは「茶」のことである。今でもJR御茶ノ水駅に沿った最初の通りは「茗渓通り」となっている。歴史はこんなところにも刻まれている。

四　学問・教育のメッカ

この地が江戸の学問のメッカとなったのは、五代将軍綱吉の時代であった。綱吉はそれまで上野の忍ケ丘《しのぶがおか》にあった昌平黌《しょうへいこう》という学問所を、元禄三年（一六九〇）に神田湯島に移転させた。あわせて講堂や学寮などを整備した。今の湯島聖堂の一帯である。名前も昌平坂学問所として、幕府の学問の中心地とした。「昌平」とは孔子の生まれた魯《ろ》の昌平郷にちなんでつけられた。

江戸時代が終わり明治三年（一八七〇）に学問所は廃止され、この地には一時文部省や開成所などが置かれ、明治五年（一八七二）には我が国初めての師範学校が設立された。この師範学校はやがて東京高等師範学校・東京女子高等師範学校となって、今日の筑波大学・お茶の水女子大学に発展することになる。

東京高師は明治三六年（一九〇三）に、東京女高師は昭和七年（一九三二）に大塚に移転している。戦後になって「お茶の水女子大学」となったのはいうまでもなく、この御茶ノ水にあったことにちなんでいる。一方の東京高師の方は戦後、東京教育大学、さらに筑波大学と名を変えていくが、同窓会は「茗渓会」と称しており、やはりこの御茶ノ水に前身があったことによる。

五　御茶ノ水駅の歴史

この地に御茶ノ水駅ができたのは明治三七年（一九〇四）のことである。当時は国有鉄道ではなく、甲武《こうぶ》鉄道の駅としてであった。この鉄道は明治四五年（一九一二）に万世橋《まんせいばし》駅まで延伸され、万世橋駅、新宿から八王子方面へのターミナル駅として栄えた。ここに近年まで交通博物館が置かれていた所以である。

この駅に総武本線が乗り入れてきたのは、昭和七年（一九三二）のことであった。それまでは総武線は両国駅をターミナル駅にしており、千葉方面には両国まで行って乗るしかなかったのだが、それ以降は中央線と総武線が一体となって運行されることになった。

地下鉄丸ノ内線がここを通るようになったのは、戦後の昭和二九年（一九五四）のこと。さらに千代田線の「新御茶ノ水駅」ができたのは昭和四四年（一九六九）のことで、地下深くまで降りていく長いエスカレーターが話題になった。

日本に虎は生息していないのに、なぜ「虎ノ門」？

「虎ノ門」という地名がある。ところが、日本には野生の虎は生息していない。いったいこの虎はどこから来たのか？　さらにはなぜ「虎ノ門」なのか？　確かに江戸城の外堀に「虎御門」という門があったことは事実。そこには江戸城を造る際の精神的支柱のようなものが垣間見える。その謎を解いてみよう。

一　動物の地名「虎」

全国的に見て、我が国には動物地名が多い。多いのは「熊」「鶴」「猿」などである。その主なものを挙げてみよう。

「熊」…「熊谷《くまがや》」（埼玉県）、「熊本」（熊本県）、「熊野」（和歌山県・三重県）。「熊毛《くまげ》」（山口県・鹿児島県）など。
「鶴」…「鶴岡」（山形県）、「鶴ヶ島」（埼玉県）、「鶴見」（神奈川県・大阪府）、「鶴田」（鹿児島県）など。
「猿」…「猿橋」（山梨県）、「猿ヶ京」（群馬県）など。

他に「鹿」「鳥」など多くの動物地名があるが、いずれも日本に生息している動物にちなんで命名されたものである。

では「虎」にちなんだ地名は我が国に存在しているだろうか。ネットで検索すると十数個の地名が出てくる。もちろんこの「虎ノ門」も出てくるが、例えば会津若松市の「白虎町」は例の白虎隊に由来するもので、生き物の虎とは関係ない。多くは「虎丸」「虎岩」のように、虎のような形にヒントを得て命名されたものが多い。

もともと虎という生き物は日本には生息したこともなく、現在もそうなのだから、虎に直接ちなんだものではないことは自明の理である。ただし、加藤清正《きよまさ》の虎退治といわれるように、古来日本人は虎のイメージだけは明確に持っていた。そのイメージに合わせて虎にちなむ地名ができたと言っていいだろう。

それにしても、「虎ノ門」に関しては、さまざまな説が流れている。例えば、「千里ゆくとも無事にて千里を帰る」といわれる虎にちなんだとする説、昔朝鮮から虎を持ってきた時、檻が大きくて門を入れないので門を大きく改造したことによるという説などである。
しかし、それらの根拠になるものはなく、俗説としか言いようがない。

二 四神相応に基づく

最も信憑性が高いのは四神相応の考えに基づいて江戸の町がつくられ、その名残として「虎ノ門」という地名が残ったというものだ。
四神相応を『広辞苑』はこう説明している。

四神に相応じた最も貴い地相。左方である東に流水のあるのを青竜、右方である西に大道のあるのを白虎、正面である南に汙地《くぼち》のあるのを朱雀、後方である北方に丘陵のあるのを玄武とする。

この考え方は古来中国の都を造営する際に用いられたもので、東に「青龍」、西に「白虎」、南に「朱雀」、北に「玄武」の神獣を配置するという思想である。我が国では平安京造営に色濃く反映され、京都の場合は東は「鴨川」、西に「山陰道」、南に「巨椋池《おぐら》」、北に「船岡山」というようにきれいに四神相応の思想が反映されていた。

ここで注目してほしいのは、四神相応の考え方は、「方位」と「色彩」と「神獣」を組み合わせていることである。

整理すると、こうなる。

東―青―龍
西―白―虎
南―朱―鳥（雀）
北―玄―武

「朱」は「赤」、「玄」は「黒」のことである。「武」は「亀」のことである。これを江戸の町に当てはめてみると図のようになる。

江戸の町の四神相応

江戸の場合は、東の「青龍」は現在はない「平川」という川だが、それと並んで「隅田川」とも言われている。西は「白虎」で、これが江戸城の「虎ノ門」から西に通じている「東海道」である。

南の「朱雀」は「江戸湊」、そして北の「玄武」は意見が分かれるところだが、富士山や関東一円の山としておこう。

三 虎ノ門を歩く

地下鉄銀座線「虎ノ門駅」の8番出口を出たところに、「虎ノ門遺跡」の碑が建てられている。小さいながら、江戸の町の西方を護ったという「白虎」が牙を剥いている。この遺跡から今の文部科学省近くに虎ノ門が建てられていた。

虎ノ門遺跡の碑

東海道というと、日本橋から新橋に向かう中央通りのことだと今は考えられているが、当初はこの虎ノ門から発していたのだという。

「溜池」はどこにあったのか？

「溜池」を『広辞苑』で引くと、「灌漑《かんがい》用などの水をためておく人工の池」とある。江戸の町にそんな池があったのか？　溜池といえば赤坂につながる高級感漂う街、どこにそんな池があったのか、真相を探ってみよう。

「溜池」という町名は存在しない

これほど有名な地名なのに、現在は港区の町名には「溜池」という町名は存在しない。明治時代には「溜池葵町《ためいけあおいちょう》」や「溜池霊南坂町《ためいけれいなんざかまち》」という町名が存在し、明治二一年（一八八八）から昭和四一年（一九六六）までは「溜池町《ためいけまち》」（明治二一〜四四年、昭和二二〜四一年の間は「赤坂溜池町」）という町名が存在していたが、住居表示に関する法律によって「赤坂二丁目」1〜5番の一部となって消滅してしまった。惜しい町名であった。

現在は「溜池山王駅」という東京メトロ銀座線・南北線の駅名として辛うじて残っている。この駅は平成九年（一九九七）地下鉄南北線が延伸した際に開業した駅で、地下鉄の駅としては比較的新しい駅である。この近くは銀座線の「虎ノ門」「赤坂見附」など東京でも最古参の駅名が並ぶところだが、その一角に割り込んできたというイメージの駅である。だが、あとで述べるように、「溜池」と「山王」を結びつけたあたりは歴史に対するセンスが光っている。

二　溜池の歴史

徳川家康が江戸に入府したのは天正一八年（一五九〇）のことだが、まず江戸の町を造るに当たって必要なことは水を確保することだった。当時の江戸にはまだ水道はなく、水といえば上野の不忍池《しのばずのいけ》や小石川の沼程度しかなく、幕府は江戸城外の低地を利用した溜池を造ることで間に合わせようとした。神田上水を開削して井之頭池から水を引こうとしたのはその後のことである。

『御府内備考』にはこう記されている。

江城の西方赤坂のほとりの池を溜池とよふ。その水流る丶事なく、よどむ水なればしかいふにや。

訳すとこうなる。

江戸城の西の方赤坂のほとりの池を溜池と呼ぶ。その水が流れることなく淀んでいるのでこのように言っている。

また『江戸名所図会』にはこう書かれている。

溜池《ためいけ》　赤坂御門の外より山王宮《さんわうのみや》の麓を東南へ繞《めぐ》る。昔神田・玉川の両上水いまだ江《かう》城《じやう》の御もとへ引かせ給はざりしその以前は、この池水《ちすゐ》を上水に用ひられしとなり。

ここはきちんと訳しておこう。

溜池　赤坂御門（現在の赤坂見附）から山王宮の麓《ふもと》を東南へ回っている。昔神田上水や玉川上水が江戸城下に引かれていなかった頃は、この池の水が上水として使われていたという。

これはこれで理解できよう。その後の記述が重要だが、現代語に訳した上に若干のコメントを添えて紹介する。

その昔二代将軍秀忠の命によって、近江国《おうみのくに》の琵琶湖の鮒《ふな》と山城国の淀川の鯉などを活かしたままこの池に移し放ったというが、魚の形は少し異なっているか。また蓮を多く植えたことによって花の盛りの時期には見事な景観を示している。さらに池の堤に榎《えのき》の古木が二、三株あって、これを印《しるし》の榎と名付けている。その昔、浅野左京大夫幸長《よしなが》が将軍の命によってここにある水をせき止めて溜め、その家臣の矢島長雲《やじまちょううん》がこれを引き継ぎ、堤が完成したあと、その功績を後世に伝える印として植えたとのことである。

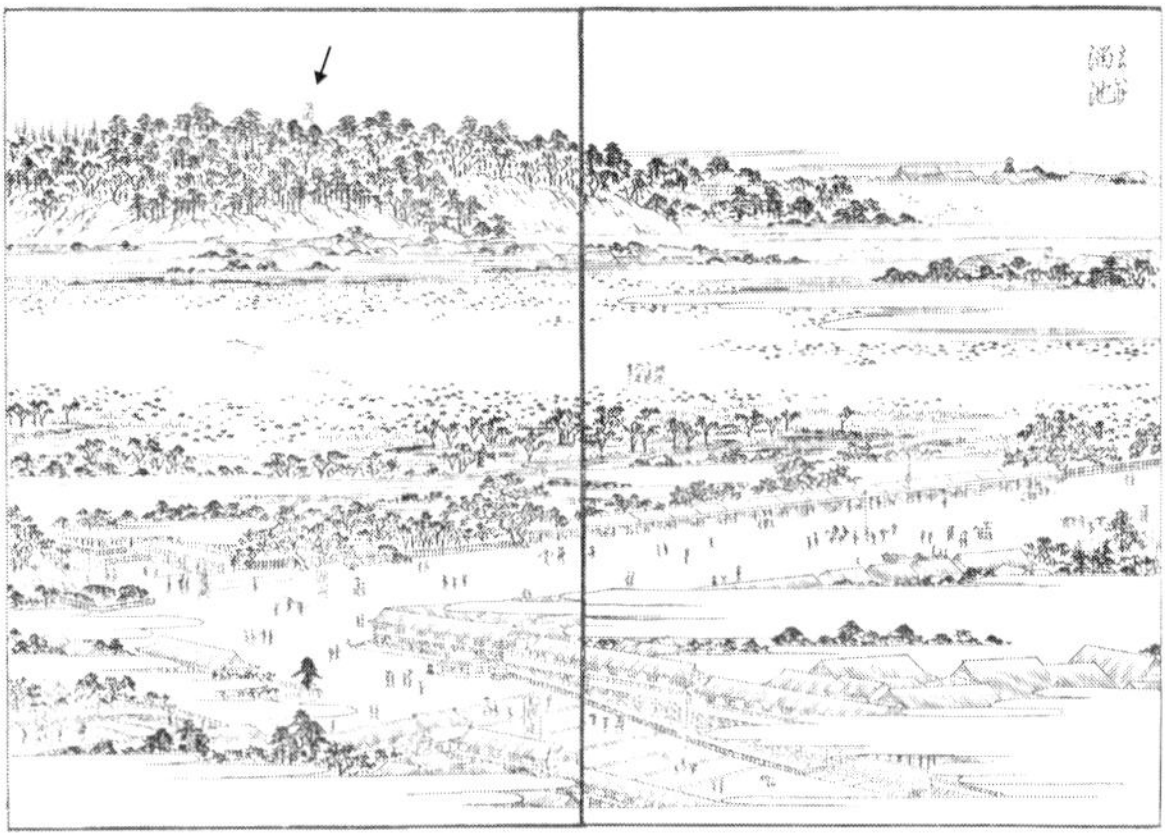

溜池。矢印の位置に山王とある（『江戸名所図会』矢印は編集部）

ここで図をご覧いただきたい。これは『江戸名所図会』に載っている溜池の絵である。ご覧いただいてわかるように、幕末のこの時代にもきちんと溜池は残っている。玉川上水が完成してからは埋められてしまったと書いている本もあるが、それが間違いであることは明らかである。

三　溜池を歩いてみる

ではまずその溜池があった場所を紹介することにしよう。わかりやすくいうと、現在の赤坂見附の駅から虎ノ門の駅に至る外堀通りの一帯である。赤坂見附から虎ノ門まではゆっくり歩いて三〇分程度の距離である。いちばんわかりやすくいうと、赤坂見附駅の上にある歩道橋の上から虎ノ門方面を見てみよう。

左手に赤坂エクセルホテル東急があるが、その背後はかなり急な崖になっていて、衆議院議長の公邸になっている。右手には赤坂の繁華街がつながっているが、その繁華街は見事に右上がりの坂（赤坂）に位置している。真ん中に外堀通りが走っているが、その外堀通りの両サイドを含めたエリアが溜池だったところである。

溜池の長さはおよそ一五〇〇メートル、幅は広いところで約二〇〇メートル、狭いところで約四五メートル程度の瓢簞《ひょうたん》形の池だった。

『江戸名所図会』の図は赤坂の上から永田町の山の方を描いたものである。その決め手は図の左上のわずかに見える文字にある。そこには「山王」と記されている。これが決め手である。この「山王」とは『江戸名所図会』に「山王宮」と書かれた神社で現在は「日枝《ひえ》神社」である。

四　琵琶湖にならった溜池

「日枝神社」は「山王日枝神社」ともいわれ、東京十社の一つに数えられる古社である。

この神社の由来については、一般的にこういわれている。

太田道灌《どうかん》が江戸城築城に当たって、川越の無量寿寺《むりょうじゅじ》（現在の喜多院・中院）の鎮守である川越日枝神社を勧請したことに始まる。家康が江戸城内の紅葉山に移したあと、秀忠が城外に移したが、明暦の大火（一六五七年）で焼失し、その後現在の場所に移された――。

多くの文献やネットではこの程度の情報しか記載していないが、私はもっと真相は深いところにあると考えている。

私がいちばん気にしているのは、なぜこの溜池のほとりに移したかという一点である。

この地はもともと松井忠房の屋敷だったとのことだが、この地を選んだ理由は何か？

それは、この溜池を琵琶湖に見立てて、大津にある山王日吉大社の立地に模してこの地に移したということだ。

これは間違いないことだろう。その証は先に紹介した『江戸名所図会』の記述にある。

それによれば、この溜池に琵琶湖から取り寄せた鮒を放流したという。明らかにこれは溜池を琵琶湖に見立てた証拠である。江戸の町を造るに当たって、京や琵琶湖を模したケースはたくさん

山王日枝神社

ある。不忍池の弁天島は琵琶湖に浮ぶ信仰の島・竹生島《ちくぶしま》を模して造られたといわれるし、港区にある愛宕山《あたごやま》はやはり京都の愛宕山になぞらえて愛宕神社を勧請したものである。瓢簞型の溜池は明らかに琵琶湖に似た形状をしている。そしてその琵琶湖を眺める位置にある山王日枝神社はまさにこの溜池の日枝神社と同じポジションにあるといっていい。いうまでもなく、溜池の日枝神社は大津市坂本の日吉大社の系統を引いた神社である。琵琶湖にならった池こそ、溜池の真相なのである。

「門前仲町」は何の「門前」？

「門前の小僧習わぬ経を読む」という諺《ことわざ》がある。この「門前」という言葉は、文字通り「門の前」という意味だが、一般に寺院や神社の前を意味することが多い。ではいったいこの「門前仲町」というのは何の門前なのか？

今日では「門前仲町」といえば、深川の中心地で郷土料理では江戸を代表する「深川めし」、そしてお参りするのは「深川不動」が定番だ。さて真相はいかに？

一 「深川」という地名

「深川区」は明治一一年（一八七八）から昭和二二年（一九四七）にかけて存在した一五区の一つである。現在の中心地は門前仲町駅から木場駅にかけての一帯である。『御府内備考』にこう記されている。

深川は、慶長の比《ころ》勢州の人深川八郎右衛門といひしが此地に来りて新墾せしまゝに、たゞちにその氏をもて地の名とすと云伝ふ

「深川」は伊勢国（勢州《せいしゅう》）の深川八郎右衛門《はちろうえもん》という人物がこの地を新しく開墾したが、その深川の名をもってできた地名である——という意味である。一般にはさらに敷衍《ふえん》されて、家康が江戸城下を巡視した際、「ここは何という土地なのだ」と訊いたところ、八郎右衛門が「ここは埋め立てたばかりで名もありません」と答えたという。家康は「然らば汝が苗字を以て村名とせよ」と言い、そこからこの地を「深川」と呼ぶようになったという話である。まあ、あり得る話ではある。

門前仲町の駅を出て右手に折れると、そこはもう深川不動の仲町になっている。両側にはお土産屋さんのほか、郷土料理を楽しめる店が並んである。ほんの一〇〇メートルも行くと深川不動に突き当たる。まさに「門前仲町」は深川不動の門前であるようなのだ。

深川不動は近年新しい建物を建築し、まさに深川の信仰の中心としてますますその威厳

を誇っているかに見える。

二「門前仲町」の真相

ところがどっこい、実はこの深川不動が意外に曲者《くせもの》（?・）なのだ。まず嘉永年間（一八四八〜一八五四）の地図を見ると、「永代寺門前仲町」「永代寺門前山本町」という地名は見られるが、「深川不動」という地名は見られない。これはどうしたことか?

さらに『江東区史』によって町名の変遷をたどってみると、この門前仲町の起立年代は承応二年（一六五三）とされ、明治以降の町名の変遷を見ると、次のようになっている。

明治元年（一八六八）まで　深川永代寺門前仲町
明治二年（一八六九）　深川富岡門前仲町
明治四四年（一九一一）　門前仲町
昭和二二年（一九四七）　深川門前仲町
昭和四四年（一九六九）〜現在　門前仲町

これを見る限り、「門前仲町」という地名は「永代寺」もしくは「富岡」の「門前」ということになる。

深川不動

永代寺

三　深川不動の真相

この謎を解く鍵は、深川不動尊がなぜこの地に祀られることになったかにある。深川不動尊のルーツは千葉県成田市にある成田山新勝寺にある。江戸時代でも元禄年間（一六八八〜一七〇四）になると、不動尊信仰が急速に広がっていった。とりわけ、経済・商業の中心地である江戸では、町人層に大きな力を及ぼすようになっていた。

昔から成田山新勝寺は不動尊の信仰で幅広い信仰を集めていたが、江戸の町中でも成田山の不動尊を信仰したいという気運が高まって実現したのが、この深川不動である。

元禄一六年（一七〇三）、成田山の出開帳《でがいちょう》が行われた。時の将軍は五代将軍綱吉で、その母の桂昌院《けいしょういん》が成田の不動明王を江戸で見たいといったところから、このような出開帳が行われたとも言われるが、意外に真相はそんなところかもしれない。

もともと、この地は、寛永四年（一六二七）に京都の長盛上人《ちょうせいしょうにん》が富岡八幡宮を創建し、その後別当寺として造られた永代寺《えいたいじ》の境内であった。成田を出発した総勢は三〇〇名を超えたといわれ、江戸まで一週間かけて本尊が奉持され、二カ月にわたって江戸町人に開帳されたという。

ただ、当時の話にしても、この成田山の不動尊がかつて平将門《たいらのまさかど》を誅罰《ちゅうばつ》するために開基されたお寺であったことをどれだけの人が知っていたかは疑問である。現在でも成田山への初詣の数は首都圏でも明治神宮、川崎大師と並んで競うほどの人気だが、この寺の成立過程を知る人は少ない。

四　富岡八幡宮と永代寺

『江戸名所図会』にはこう記されている。

富岡八幡宮《とみがをか》

深川永代島《ふかがはえいたいじま》にあり。別当は真言宗にして、大栄山金剛神院永代寺《たいえいざんこんがうしんゐんえいたいじ》と号す。

ここに記されているように、歴史的には富岡八幡宮が先で、その神社を護る寺院（別当寺）として永代寺が置かれたという構図になっている。

富岡八幡宮のルーツは、この『江戸名所図会』によると、平安末期の武将源頼政《よりまさ》（一一〇四～一一八〇）がその神像を尊信したことに始まるとされ、その後千葉家、足利尊氏、鎌倉の公方基氏《くぼうもとうじ》、管領《かんれい》上杉家などに伝えられた後、太田道灌の篤い信仰を受けたという。しかし、道灌が没した後は神像の所在も定かではなかったが、寛永年間（一六二四～一六四四）長盛上人が霊示によって感得して、この地に富岡八幡宮を創建したといわれる。

深川不動への参道の右側に今は小さくなっているが、永代寺がある。この永代寺の「門前」にあったことによって、「門前仲町」という地名が誕生したのである。このことをしっかり踏まえた上でお参りしたいものだ。

「目黒」「目白」は誰の目のことなのか?

山手線に「目黒駅」「目白駅」がある。目が黒いお不動さんと目が白いお不動さんがあったからだといわれている。それは真実なのか? それ以外にも「目赤」不動尊、「目青」不動尊、さらに「目黄」不動尊まである。「江戸五色不動」と呼ばれているが、それは明治になってから広がったという説もある。その真実に迫る。

一 不動明王

「江戸五色不動」と呼ばれているのは次の寺院に安置されている不動明王である。

目黒不動……天台宗瀧泉寺《りゅうせんじ》(目黒区下目黒三丁目)

目白不動……真言宗豊山《ぶざん》派金乗院《こんじょういん》(豊島区高田二丁目)

もと新長谷寺《しんちょうこくじ》にあったが戦災で廃寺になったため金乗院に移転。
目青不動……天台宗教学院（世田谷区太子堂四丁目）
目赤不動……天台宗南谷寺《なんこくじ》（文京区本駒込一丁目）
目黄不動……天台宗最勝寺《さいしょうじ》（江戸川区平井一丁目）・天台宗永久寺（台東区三ノ輪二丁目）他。

まずここにいう「不動明王」についてコメントしておこう。一般に仏像は「如来」「菩薩」「明王」「天」の順に上から位置づけられているので、「明王」は三番目の位に位置していることになる。密教の最高の位置にある大日如来の命を奉じ、憤怒の形相をして諸悪魔を降伏する役目を有している。

なぜあのような恐い顔をしているかをわかりやすく言うと、こうなる。例えば川に遊びに行った際子どもが川に流されそうになったとする。そのとき母親だったらどうするか。身なりも構わず子どもを救うために必死な形相で助けようとするだろう。その顔をイメージしたら、あの明王の恐い顔の意味がわかってくる。

如来のように座って待っている仏さんではなく、まさに目の前にいる人間を救おうとしているのが明王なのである。

その中でも「不動」の位置を占めているのが「不動明王」。なぜ「不動」というのか。京都に「東寺《とうじ》」という有名なお寺がある。空海が京都への布教の拠点として造った寺院だが、その講堂に「立体曼荼羅《まんだら》」と呼ばれる仏像が並んでいる。正面に「如来部」、向かって右手に「菩薩部」、左手に「明王部」の仏像が並んでいる。二一体の仏像のうち一五体が国宝というとてつもない国宝の宝庫である。

「明王部」には五体の明王が並んでいるが、中央に安置されているのが「不動明王」である。まさに正面に堂々と「不動」の位置に安置されている。

このような不動明王が江戸時代に多くの人々の信仰を集めたのはよく理解できる話である。では本当に「目黒」「目白」などは不動明王の目の色に由来するものか？　検証してみよう。

二　「目黒不動」

五色不動の中での筆頭格はやはり「目黒不動」であろう。ところが、この目黒不動から黄信号がともってしまっている。

『江戸名所記』は江戸時代初期に浅井了意《りょうい》によって書かれた名所記だが、その「第六」に

「豊嶋郡《としまのこほり》 目黒不動」が記されている、その冒頭が次のようになっている。

目黒《めぐろ》ハもとより此地の名なり、本尊《ほんぞん》の名にハあらさる也

つまり、「目黒」という名はもともとこの地の地名であった、本尊の名によるものではないと明言しているのだ。これはかなり強烈だ。そして、「目黒」という地名がこのお不動さんに由来するという記事はまったく見つかっていない。『江戸名所記』に書かれていることを要約すると次のようになる。

慈覚大師（円仁《えんにん》とも）は下野国《しもつけのくにつ》都賀郡《がのこほり》の人で延暦一三年（七九四）に生まれている。幼少の頃は広智《こうち》に師事したが、一五歳の頃、ある夜の夢に比叡山の大師が出てきたことから広智は慈覚を連れて比叡山に向かうことになった。

この目黒の地を通ったときに一夜泊まった際、忿怒《ふんぬ》強盛《ごうじょう》の仏が夢に出てきて驚いたという。そこで夢に現れた像を霊木に刻んでこの地に残して、比叡山に登ったという。

その後、比叡山や唐の国で修行し、帰朝後、慈覚が関東に下向したとき、またこの地

に一夜を過ごしたが、ここに瀧水《れいすい》あるべしとして独古《どっこ》で掘ったところ霊水が湧き出てきたという。

さらにその後、元和元年（一六一五）本堂の後ろの在家から出火し、御堂も燃えつきてしまい、不動尊も燃えてしまったかと思いきや、不動明王は滝水の上に立ち汗を流しているのを見て、人々は感涙にむせんだという。

また寛永元年（一六二四）の頃、三代将軍家光公がこの地で鷹狩を行ったとき、鷹が行方知れずになったことがあったが、別当実栄《じつえい》に祈願させたところ、たちどころに鷹が戻ってきたという。たいそう喜んだ家光公は本堂を建立した。

このように見てくると、家光が目黒不動に入れ込んだことは理解できるが、不動明王の目が黒いという話は一切登場してこない。かつて、この件で瀧泉寺に問い合わせたことがある。そのときの回答は、目が黒いという話は聞いたことがない、したがってこの不動尊から「目黒」という地名が生まれたというのもわからない、とそっけない話だった。やはり無理があるのか……。

三　「目白不動」

さて、次に「目白不動」だが、これも黄信号である。『江戸砂子』にはこう記されている。

○目白不動堂　東豊山新長谷寺　真言　関口。

本尊荒沢不動、弘法大師の作。湯殿山におゐて大師彫刻二軀《く》の尊像。一軀ハ荒沢の滝におさまり、一軀は此尊像也。（中略）元和四年再興也。

簡単にいうと、目白不動は真言宗の新長谷寺にあり、「関口」（地名）にある。本尊は荒沢不動で、弘法大師の作である二体のうち、一体がここにある、ということである。しかし、その後に決定的な文言が見つかった。

寛永の頃、御鷹狩の時、本尊を拝さしめ、城南の目黒に対《たい》して目白と呼べしと、鈞命ありしと也。

「鈞命」とはこの場合は将軍の命のことであり、寛永(一六二四〜一六四四)となると家光の命ということになる。ここでも家光が登場してくる。

なお、冒頭で紹介したように、新長谷寺は第二次大戦の空襲で廃寺になったため、現在は金乗院に移転されている。

四 「目赤不動」

さて、続いて「目赤不動」についても同じことが言えることが判明した。『江戸砂子』の記述を見てみよう。

○目赤不動堂　大聖山南谷寺　天台上野末　駒込。

当寺本尊は伊州赤目山第二世万行和尚廻国の時、いづくの誰ともしらず来りて、尊像をさづけたり。其後当国駒込村の動《どう》坂に草庵をむすびて不動尊を建立し、かのさづかりし像を胸中におさめて赤目不動と号ス。しかるに寛永の頃、御鷹野の節御成ありて、堂地を今の所にくだし給ひ、赤目と云を目黒・目白にたいして目赤とよぶべしとの欽命ありて、目赤といふと也。

「伊州」とは「伊賀国」のことなので、現在の三重県の一部である。この不動尊は三重県の「赤目」という地名にちなんで「赤目不動」と呼ばれていたのだが、家光によって「目黒」「目白」に対して「目赤」にしろと命じられたという話である。

　では実際に三重県に「赤目」という地名があるかと調べてみると、まさに存在しているのである。三重県名張《なばり》市に「赤目」という町名がある。近鉄大阪線に「赤目《あかめ》口《ぐち》駅」というのがあって、そこから山の中に入っていくと「赤目四十八滝」というのがある。古来修験道《しゅげんどう》の道場のようなところだったらしく、「赤目五瀑《ごばく》」の筆頭に挙げられているのが何と「不動滝」で、この名も「不動明王」にちなんでつけられたものという。

　そうすると、「目赤不動」の名は江戸の五色不動とは無縁で、ルーツは三重県の名張市にあったことが判明した。

目赤不動

五　江戸五色不動とは

このように見てくると、現在一般に流布《るふ》している「五色不動」は江戸時代初期、将軍家光の判断に基づいて生まれたことがわかってくる。少なくとも、「目黒」「目白」「目赤」まではそう断定できる。残りの「目青不動」と「目黄不動」に関してはそれぞれの寺院の由緒書きにも明確に示されておらず、おそらく明治以降になって五つに合わせるためにこじつけてカウントされたものと考えられる。

その証拠がある。『川柳江戸砂子』（江戸時代中期に著された江戸の地誌）という本の「目赤不動堂」の項に、こんな川柳が載っている。

五色には二タ色足らぬ不動の目

これで、江戸時代には「目黒」「目白」「目赤」の三つしか存在しなかったことがわかる。その後に「目赤、目白、目黒の外浅草に目黄不動といふのを、其後勧請《かんじょう》したさうであるから、一ト色足らぬ勘定であるが、今は祀られていないやうである」と書かれているのを見ると、基本は三色でその後目黄不動が加わったようである。「浅草」と書かれているのを見ると、これは明らかに永久寺《えいきゅうじ》のことである。

そもそも五色不動の思想は古代中国の陰陽五行説によるもので、青（木）・赤（火）・黄（土）・白（金）・黒（水）を意味している。目黒不動が瀧泉寺の名の通り水を意味しているのはやはり関係があるのであろう。その五色とは冒頭に東寺の明王部を紹介したように、五体で一つのまとまりを構成していたと考えることができる。その中央に「動かず」安置されているのが「不動明王」だからである。

六 「目黒」はどこから来た？

以上のことから、江戸時代には五色不動はそろっていなかったこと、そのきっかけを作ったのは三代将軍徳川家光であったことがわかった。仮に「目黒」という地名が「目黒不動」に由来するものでないとしたら、どんな説が考えられるのか？

『角川日本地名大辞典　東京都』では、「慈覚《じかく》大師勧請の目黒不動に由来するという説」を筆頭に、「馬の目の色の種類によるとする説」「目黒牧に由来するという牧場説」「目黒の『目』は馬のこと、『黒』は畔《あぜ》のことで、馬畔《めくろ》とは馬牧の周囲のあぜ道のことであるとする免畔説」の四つの説を紹介しているが、いずれも確証に欠ける。

この先は推測でしかないが、やはり慈覚大師が夢に見た明王が黒い目をしていたことから「目黒」という地名が生まれ、そこにあることから「目黒不動」の名が生まれ、江戸に入ってから家光の影響もあって五色不動の思想が広まって「目黒」がより広く知られるようになったのではと考える。

五色不動の中心はやはり「黒い目」の明王であって、すべてこの「目黒不動」から他の色の不動は派生していったと考えられる。その意味で「目黒」は大切な地名である。

「神楽坂」は、三つの神社のうちどこがルーツか？

「神楽坂《かぐらざか》」はかつては「山手の銀座」と呼ばれた繁華街であった。大正時代には東京切っての花街としても知られていたという。今はその繁華街の影は薄れているが、地名としては「御神楽《おかぐら》」にちなんだ香《かぐわ》しいものだ。だが、この御神楽がどの神社の御神楽なのかについては、はっきりしたことはわかっていない。その秘密を明かしてみよう。

一　「神楽」とは何？

「神楽坂」が「神楽」にちなむ地名であることははっきりしている。まずはその「神楽」とは何かを説明しておこう。古語辞典をひもとくと、次の三つの意味が記されている。

（『角川新版　古語辞典』（角川書店）

①　宮廷の繁栄を祝って演ずる舞楽。宮中では豊楽院清暑堂《ぶらくいんせいしょどう》、内侍所《ないしどころ》（温明殿《うんめいでん》）などで、夜、庭燎《にわび》をたき、琴・笛・篳篥《ひちりき》などで楽を奏し、本・末のかけあいで神楽歌を歌い、人長《にんじょう》が「採物《とりもの》」を持って舞った。
②　民間の神社で行う「里神楽」の総称。
③　狂言の舞事の一つ。歌舞伎囃子《ばやし》の一群をもいう。

私は特に神楽について詳しいわけではないが、何年か前に、宮崎県高千穂町の夜神楽《よかぐら》を見たことがある。

高千穂町は言わずと知れた建国神話の里で、夜神楽は夕方から朝までぶっ通しで行われている。右の意味の中では①の「宮廷の繁栄を祝って演ずる舞楽」に近いものだった。普通の民家で行われるものがいいという地元の方のお薦めで訪れたのだが、確かに庭燎を焚き、こうこうと照らされる民家の部屋を舞台にして、琴・笛・篳篥などの楽器を使って奏し、人長らしき人が榊《さかき》・杖・剣・鉾などの「採物」を持って舞っていた。

深夜の三時くらいまで見せていただいたが、その伝統の儀式と技に圧倒された記憶が今でも強烈に残っている。

二　文献で探る「神楽坂」

東京の神楽坂にもこのような神楽の歴史がまつわっている。問題はどちらの神社の御神楽にちなんでつけられたかについてである。

『江戸名所図会』では現在の早稲田大学近くの「穴八幡宮」にちなむと書いている。

神楽坂《かぐらざか》　同所牛込《うしごめ》の御門より外の坂をいへり。坂の半腹《はんぷく》右側に、高田《たかた》穴八幡《あなはちまん》の旅所あり。祭礼の時は神輿《しんよ》この所に渡らせらるゝ。その時神楽を奏する故にこの号ありといふ。

正確に現代語訳しておこう。

神楽坂　牛込の御門から外の坂をいう。坂の中間地点の右側に高田穴八幡の御旅所があり、祭礼のときには神輿《みこし》がここを渡り、そのとき神楽を奏することからこの名がついた。

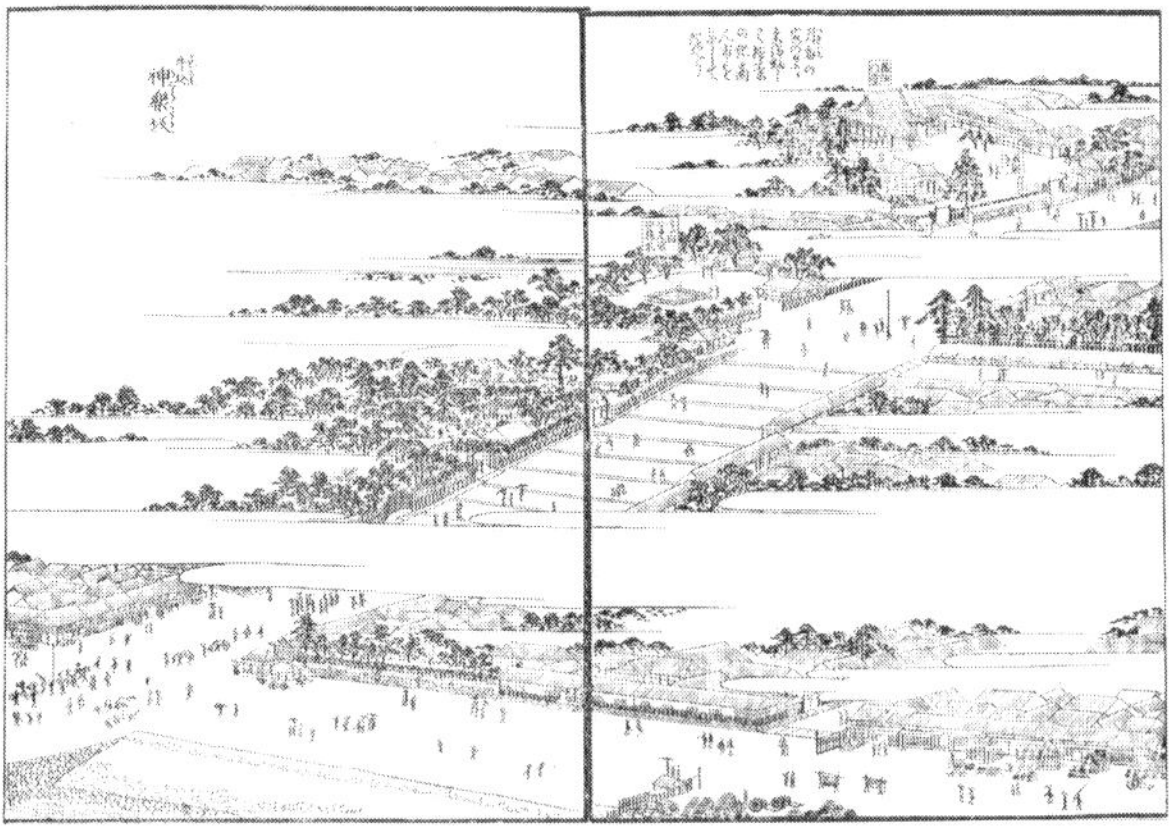

神楽坂（『江戸名所図会』）

これを見る限り、神楽坂の御神楽は穴八幡宮にちなむものと断定できそうだが、そうとも言い切ることはできない。その後に括弧つきで、こうも記されている。

> 或いは云ふ、津久土明神、田安の地より今の処へ遷座の時、この坂にて神楽を奏せし故にしか号《なづ》くとも。又若宮八幡の社近くして、常に神楽の音この坂まできこゆるゆゑなりともいひ伝へたり。

ここでは「津久土明神」が田安の地から今の場所に遷座したとき、この坂で神楽を奏したとも、また「若宮八幡宮」の神楽の音がこの坂まで聞こえたからとも記している。

「穴八幡宮」と「津久土明神」「若宮八幡宮」の三つのうち、はたしてどの神社にちなむものか、その謎解きにチャレンジしてみよう。

三　三つの神社

「穴八幡宮」「津久土明神」「若宮八幡宮」のどちらの神社にちなむ神楽なのか？　まずは、本命の「穴八幡宮」はあとに回して、「津久土明神」について述べてみよう。

そもそもここにいう「津久土明神」とはどのような神社なのか？　まず神楽坂のすぐ北隣に「津久戸町」「筑土《つくど》八幡町《はちまんちょう》」という町名がある。その「筑土八幡町」に「筑土八幡神社」という神社がある。江戸時代には「筑土八幡宮」と呼ばれていたという。

この「筑土八幡宮」の隣に「津久戸明神社」という神社が鎮座していたというのだが、いささかややこしい話だ。

もともと「津久土明神」は天慶三年（九四〇）江戸の津久戸村（現千代田区大手町一丁目の将門塚付近）に将門の首を祀って塚を築いて創建されたという。室町時代に太田道灌によって田安郷（現千代田区九段坂上）に移転させられて「田安明神」と呼ばれていた。ところが江戸時代になって元和二年（一六一六）江戸城の拡張工事に伴って現在の新宿区筑土八幡町の筑土八幡神社の隣に移転し、「筑土明神」と呼ばれることになった。

『江戸名所図会』にいう「津久土明神」というのは、この筑土八幡町にあった神社のことなので、ここに田安から遷座した際、この坂で神楽を奏したというのはあり得ない話ではない。しかし、遷座した際に一度だけ神楽を奏したから、神楽坂という地名になったとは到底考えられない。やはり飛躍がありすぎる。

ちなみに、筑土神社が現在の九段に移ったのは、第二次大戦の空襲で東京がやられたあとのことである。

次に「若宮八幡社」だが、神社が近く神楽の音が聞こえてきたから神楽坂となったと考

津久戸明神

若宮八幡

穴八幡宮

えるのも飛躍である。神楽が聞こえてきた程度の話なら、近くにもいくらも坂があるし、坂の名前はその坂の特徴を表したものであることが一般的であり、時々神楽が聞こえてきたから坂名になったとはこれも到底考えられない話である。

四　穴八幡宮

こうなってくると、神楽坂の由来となったのは穴八幡宮という説がいちばん信憑性が高くなってくる。

『江戸名所図会』には「**高田八幡宮**」とあり、

牛込の総鎮守にして高田《たかた》にあり。（世に穴八幡とよべり。）この地を戸塚と云ふ。

と記されている。社伝によれば、康平五年（一〇六二）、源義家が奥州からの凱旋の途中、この地に兜と太刀を納めて八幡神を祀ったのがルーツとされる。「穴八幡」とは不思議な社名だが、こんなエピソードがある。

寛永八年（一六四一）八月三日、社僧が草庵を結ぼうとして山の腰を切り開いたとき、霊窟（穴）が見つかりその中に金銅の阿弥陀仏が一体安置されていたところから「穴八幡」と呼ばれるようになった。

穴八幡は歴代将軍がたびたび参拝したが、とりわけ八代将軍吉宗が世継ぎの疱瘡《ほうそう》平癒祈願のため流鏑馬《やぶさめ》を奉納したことから、その後流鏑馬が穴八幡の行事になった。

現在でも祭礼には多くの山車が出て牛込一帯から集まることになっているが、その行事の一環として、神楽の御旅所が現在の神楽坂に設けられたと考えていいだろう。

五　神楽坂を歩く

ＪＲ飯田橋駅西口を出てすぐ左手を見ると牛込見附の石垣が目に入る。ここが牛込御門である。右手に下りて通りを越えると、そこが神楽坂の入り口になっている。

なかなかの急坂である。じりじりと坂を上っていきようやく坂の上に着いたかと思うと、さらに坂は続いている。

ここはかつて牛込区と呼ばれたところ。神楽坂を一度上りつめたところに善國寺《ぜんこくじ》がある。この寺は毘沙門《びしゃもん》天像で知られ、初代住職が家康のために小田原から持仏の毘沙門天を移し

神楽坂周辺地図

て祈願したと伝えられる。

　その毘沙門天の北側の道を南に上ったところに牛込城の跡がある。今は光照寺という寺になっている。ここに牛込氏が居城したとあるが、牛込氏はもともと赤城山の麓上野国《こうずけのくに》勢多郡大胡《おおご》の領主大胡氏を祖とするが、天文年間（一五三二～一五五五）に南関東に移り、小田原の北条氏の家臣となったが、北条氏滅亡後は家康に従い、牛込城は取り壊された。

　東京メトロ東西線の「神楽坂駅」を出てすぐのところに赤城神社があるが、これは大胡氏が鎮守として赤城神社を勧請したものである。

　ちなみに一一七ページの神楽坂を見ると坂道の幅も広くなっているが、これは当時の描き方で、オーバーな描き方になっている。現在の道幅は車も一方通行になっているほど狭い坂道である。

　ところが、この坂道は全国でも唯一の「逆転一方通行」となっている。つまり車の進行方向が午前と午後で逆転するというのだ。午前中は「坂上↓坂下」だが、午後は「坂下↓

坂上」に逆転する。

神楽坂を一歩入ると、かつての花街の趣を残す路地がそこここに残されている。これも神楽坂の人気の一つだ。

王子の「飛鳥山」はなぜ桜の名所になったのか?

王子の「飛鳥山」は桜の名所として知られる。三月の末から四月にかけて全山桜の花で埋め尽くされるが、なぜか「ソメイヨシノ」よりも伝統的な「ヤマザクラ」「サトザクラ」が主流をなしているように見える。それはなぜか? 歴史上有名なある人物の影響がそこに見える。その秘密を探る。

― 多様な飛鳥山の桜

日本人の大好きな桜は「ソメイヨシノ」である。現在我が国の桜の八〇パーセントまでが「ソメイヨシノ」であると言われている。まず花の色である。白地に薄いピンクが混じり、しつこさを微塵も感じさせない。そして花びらが一斉に下を向いて私たちを迎えてくれる。これは確かに見上げる人の心を打つ。これだけソメイヨシノが人気を博するようになると、見る私たちもソメイヨシノしか見ないようになってしまう。

かれこれ一〇年近くも前になる。奈良の地名ツアーを行い、その一端として吉野に行った時の話である。吉野といえば「吉野桜」で有名で、全山吉野桜に埋め尽くされる吉野千本桜で人気を集めている。

帰りのタクシーの中で、桜談議になったとき、タクシーの運転手さんが「ソメイヨシノ」なんて桜の本道ではない、やはり桜は吉野のように花と葉が同時に出ないとね、と力説していたことを忘れることができない。桜の世界でも関西と関東の違いがあるのだ。

関東人が好むソメイヨシノは、まず花が咲いて、ほぼ一週間で散った後葉が出てくる。だから木はまず花で埋まり、その後葉桜になるという順序になっている。

ところが吉野では、花と葉が同時に出てこなければ桜と呼ばないという。そういわれてみると、私の自宅のそばにも吉野桜と思しきヤマザクラが何本かあり、確かにそれなりに美しい！

関東の人間はかなりソメイヨシノ病に感染してしまっているのかもしれない。私もその一人だが、そんな私が飛鳥山の桜を見た印象は、飛鳥山公園にある桜の木はソメイヨシノの木よりもその他関西風のヤマザクラ、サトザクラの方が多いんじゃないか、ということだった。

しかし、私の目論見《もくろみ》は最初から崩れた。北区役所に飛鳥山に植えられている桜の種類を確認したところ、およそ次のような種類の桜が植えられていることがわかった。

ソメイヨシノ　四〇〇本
サトザクラ　九〇本
ヤマザクラ　三〇本
その他　八〇本
計六〇〇本

やはりソメイヨシノの割合は三分の二と多いが、その他三分の一というのも多いというべきだろう。いや、ソメイヨシノが圧倒的というご時世では、サトザクラ、ヤマザクラが割合としてはかなり多いということができる。ソメイヨシノ一色の名所に比べれば、関西風のサトザクラ、ヤマザクラの木の割合は高いというべきだろう。

「ソメイヨシノ」は幕末に染井村（現在の巣鴨周辺）の園芸職人が「エドヒガン」と「オオシマザクラ」を掛け合わせてつくった品種である。当初「吉野桜」「吉野」という名前で売り出したが、吉野山の桜は「ヤマザクラ」だったことから、「ソメイヨシノ」という名前にしたのだという。

実は、この飛鳥山の桜もその地名も関西、とりわけ熊野一帯の文化の影響によって成立している。

二 「飛鳥山」と「王子」

「飛鳥山公園」はＪＲ「王子駅」で降りてすぐの場所にある。この花は実は「王子」「飛鳥山」という地名に深く関係している。まず文献で「飛鳥山」の由来を見てみよう。『江戸名所図会』にこう書かれている。

飛鳥山《あすかやま》 数万歩《すまんほ》に越えたる芝生《しばふ》の丘山《をかやま》にして、春花秋草夏涼冬雪眺《しゅんくわしうさうかりやうとうせつなが》めあるの勝地《しょうち》なり。始め元亨《げんかう》年中豊島左衛門飛鳥祠《としまさゑもんあすかのやしろ》を移す。（中略）因つて飛鳥山《あすかやま》の号《な》あり。寛永年中王子権現《わうじごんげん》御造営の時、この山上にある飛鳥祠《あすかのやしろ》を遷して、権現の社頭に鎮座なしけり。その後元文の頃台命《たいめい》によつて桜樹数千株《あうじゅすせんちゅう》を植ゑさせらる。内には遊観の便《たつき》とし、外には蒭《すう》蕘《げう》の為にす。年を越えて花木林《くわぼくはやし》となる。爾《しかり》しより騒人墨客《さうじんぼくかく》は句を摘み章を尋ぬ。牧童樵《ぼくどうせう》夫《ふ》は秣《まぐさ》を刈り薪《たきぎ》をとる。殊にきさらぎ・やよひの頃は桜花爛漫《あうくわらんまん》として尋常《よのつね》の観にあらず。

熊野の古式に春は花を以つて祀《まつ》るといへるに相合《あひがつ》するもの歟《か》。

この記述は飛鳥山公園に建てられている「飛鳥山碑銘並序」の難解な漢文のエッセンスを簡潔にまとめたもので、極めて重要な資料である。書き下し文でも難解なので、現代文に訳しておく。

飛鳥山　数万坪を越える芝生の丘上の山で、春は花（桜）、秋は草、夏は涼、冬は雪を眺められる景勝地である。もともと元亨年中（一三二一～一三二四）に豊島左衛門が飛鳥祠《あすかのやしろ》をこの地に移したことに始まっている。そのことによって飛鳥山《あすかやま》の名がある。寛永年間（一六二四～一六四四）王子権現ご造営のとき、この山の上にあった飛鳥祠を移して権現の社に鎮座された。そしてその後元文（一七三六～一七四一）の頃、将軍の命によって桜の木を数千株植えさせた。山の中には観光のための施設を作り、外には草刈や木こりの用地とした。年を越えるごとに桜の木々は林となった。それ以降文人墨客が句を詠み草木を尋ねるようになった。牧童（家畜を飼う若者）木こりは秣を刈り、薪をとるようになった。殊に二月・三月の頃は桜の花が爛漫と咲いてこの世とは思えないほ

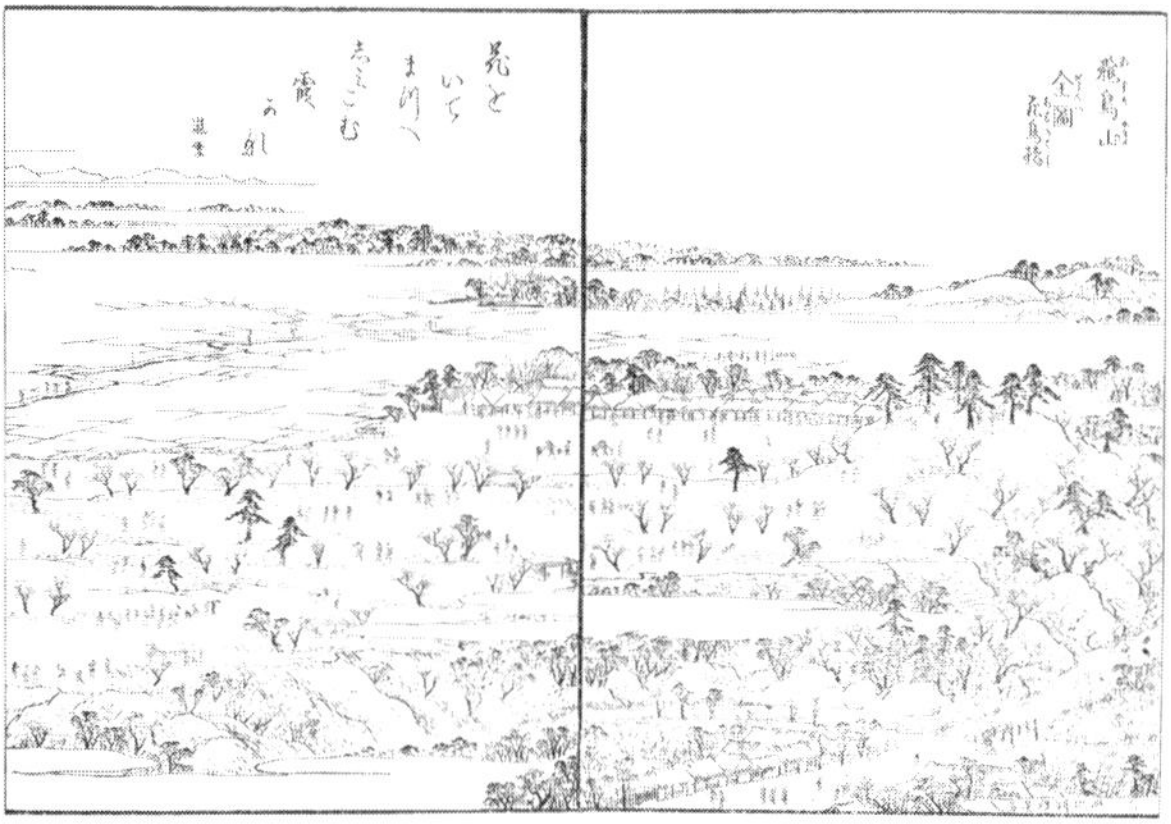

飛鳥山（『江戸名所図会』）

どである。熊野には春は花（桜）をもって祀るという古いしきたりがあるが、それに合っていると思える。

ここに書かれているように、「飛鳥山」の地名の由来は、元亨年間（一三二一〜一三二四）、豊島左衛門という人物が紀州（和歌山県）牟婁郡《むろのこおり》の「飛鳥明神」の祭神「若一《にゃくいち》王子」を勧請したことに生まれたとされる。現在の「王子神社」である。「王子」という地名の由来もそこにある。いわば「王子」と「飛鳥山」は一体として誕生したということになり、現在も王子神社と飛鳥山は隣り合わせに位置している。

そもそも「王子」とは何かというと、京都から熊野に至るいわゆる熊野詣での拠点となる熊野神社の末社を意味している。熊野に至る道は多様だが、街道筋に点々と小さな末社が置かれており、その王子を手掛かりに旅人は熊野まで足を運んだのである。

三　吉宗が植えた桜

さて、次はいよいよこの地になぜ桜が植えられたかという話である。『江戸名所図会』では「元文の頃台命によつて桜樹数千株を植ゑさせらる」とある。つまり、元文（一七三六〜一七四一）の頃、将軍の命によって桜の木を数千株植えさせたというのである。

ここにいう将軍とは、八代将軍徳川吉宗のことである。吉宗は貞享《じょうきょう》元年（一六八四）徳川御三家の紀州藩二代目藩主徳川光貞《みつさだ》の四男として生まれた。家康の曾孫に当たる。少年時代は手に負えない暴れん坊だったという。「暴れん坊将軍」というのは単なるテレビドラマだが、ストーリーの主人公は吉宗という仕立てになっている。

吉宗は二二歳にして紀州徳川家を相続し、第五代藩主に就任したが、質素倹約を徹底して財政再建を図るとともに、災害復旧など優れた藩政改革に取り組んだ。そのような手腕が認められたのか、享保元年（一七一六）第七代将軍徳川家継《いえつぐ》が八歳で早逝したあとを受けて、第八代将軍に迎えられることになった。

吉宗の名は歴史の教科書的にいえば、「享保の改革」を推進した将軍ということでよく知られている。江戸幕府が成立して一〇〇年以上経過した当時、幕府は財政難に陥っていたが、吉宗は武士に質素・倹約を命じ、新田開発、「上げ米《まい》制」（参勤交代の期間を一年から半年に短縮する代わりに一万石につき一〇〇石の米を幕府に納めさせる制度）などを制定して米の安定を図ったので「米将軍」とも呼ばれた。

そのような政策と同時に、吉宗は江戸の市民のために桜の木を植えさせた。飛鳥山公園がその代表だが、墨田川堤などにも多くの桜を植えさせたという。現代の東京の桜の名所はこの吉宗の政策によるものと言っても過言ではない。

問題は、この先にある。吉宗はなぜこの飛鳥山に桜を植えたのか。

それはこの飛鳥山・王子の地が故郷紀州（和歌山県）に深い縁があったからである。紀州生まれ紀州育ちの吉宗にとって遠く離れた江戸に来て、やはり紀州に縁のあるこの地に深い愛着を覚えたのはごく自然のことであったろう。

当然のこととして、植えたのは故郷に近い吉野桜、つまりヤマザクラであった。当時はまだソメイヨシノは誕生していない。ここに、現在の飛鳥山にソメイヨシノではなくヤマザクラが主流に植えられている理由がある。

親水公園

重要なことは、ソメイヨシノとヤマザクラの相違の一つは、その寿命にある。ソメイヨシノの寿命はせいぜい数十年というのが通説である。小学校の校庭に植えられた桜は入学した子どもたちが七〇～八〇歳になる頃には枯れてしまう。寿命が短いのである。それに対して、ヤマザクラは一〇〇年から数百年に及ぶという。とすると、今花を咲かせている飛鳥山の木々の中には吉宗時代のものもあるのかもしれない。吉宗の時代は今からさかのぼっても三〇〇年に満たない近さにあるということだ。

四　王子を歩く

ＪＲ「王子駅」を出ると前を大きな道路が突っ切っている。これが岩槻街道で、この街道によって飛鳥山と王子の台地は分断されているが、もともとは一つの森であった。駅の西側に石神井川《しゃくじい》の跡が親水公園として残されている。昔は音無川《おとなし》とも呼ばれ、昔から名所として知られ、かつては弁天の滝、不動の滝などが清流をかみ、多くの観光客を集めた。

そこからふと見上げるとてつもない銀杏の木が聳えている。これが王子神社である。ここが、かつて豊島氏が熊野から神を移したという王子権現である。

“いもあらい”坂では芋を洗ったのか?

「一口」と書いて「いもあらい」と読む。ひと昔までは全国屈指の難読地名だったが、『地名の魅力』(白水社、二〇〇二年)で紹介してから、少しは知られるようになった。もともとは京都市の南に位置する久御山町《くみやまちょう》にある地名だが、東京にも「一口」、あるいは「いもあらい」に関する地名は三カ所存在する。どんな歴史が潜んでいるか、その不思議な世界に招待しよう。

淡路坂の謎

JR「御茶ノ水駅」のホームに立ったとしてみよう。出口は二つ、「御茶ノ水橋口」と「聖橋《ひじりばし》口」である。階段を上って聖橋口の改札を出ると「茗渓《めいけい》通り」という通りに出る。

そこを左手に数メートルも行くと聖橋の橋詰めに出る。その横断歩道の手前から秋葉原方面を見ると、左の真ん中の写真のような木が立っているのが見えるはずである。普段はあわただしく通り抜ける場所なので、おそらく毎日歩いている方でも気づいていないかもしれない。

横断歩道を渡ると目の前に秋葉原方面に下る坂が見える。これが「淡路坂」である。くだんの木はその坂の上に聳えている。木の名前は椋《むく》、その幹に「太田姫神社元宮」と書いた札が貼られている。

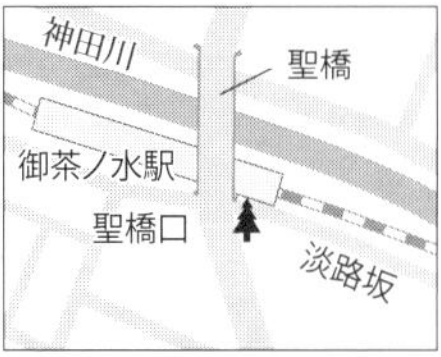

淡路坂の木の位置

淡路坂の木

太田姫神社元宮

さらに、そこには常時「太田姫一口稲荷　風邪咳封治」御守が置かれている。しかも何と無料である。

実はこの一本の木に「一口」の謎が詰め込まれている。東京のど真ん中でこれほどミステリアスなところは珍しい。

椋の木の前にある標識にはこう記されている。

淡路坂　あわじざか

この坂を淡路坂といいます。この坂には、相生坂、大坂、一口坂《いもあらいざか》などの名称がつけられています。この坂の上に太田姫稲荷、道をはさんで鈴木淡路守の屋敷があり、それにもとづき町名、坂名がついたといいます。

一口坂については太田姫稲荷が通称一口《いもあらい》稲荷といったためとされています。大坂はもちろん大きな坂という意味でしょう。

昭和三十二年四月　千代田区建立

つまり、今は淡路坂と呼ばれているこの坂がかつては「一口坂」と呼ばれており、それにちなんでこの椋の木の場所に「一口稲荷」があったということである。

二 「一口坂」の意味

実はこの淡路坂がかつては「一口坂」と呼ばれていたことは、地名関係者には知られていた。民俗学者・谷川健一が「地名を通して『地方の時代』を考える全国シンポジウム」を神奈川県川崎市で開催したのは昭和五六年(一九八一)のことだったが、そのシンポジウムですでにこの「一口」が話題に上ったことを鮮明に記憶している。そのときに、一口は峠にある地名で、村に疱瘡(天然痘)が入るのを防ぐための神であるということが話されていた。

そのシンポジウムを聞いていた範囲では、「一口」がなぜ疱瘡に関連しているのか、また峠にあるのかは理解できなかった。

それをきっかけにして、私の「一口」への探究が始まった。私が最初に「一口」を書いたのは平成一四年(二〇〇二)に出した『京都 地名の由来を歩く』(ベスト新書)であった。そのとき初めて京都の「一口」を解明すべく取材に訪れた。

しかし、そのときは、京都から流れてくる桂川、宇治川の合戦で有名な宇治川、そして奈良県境から流れ来る木津川が合流する地点に一口があり、そこにかつて巨椋池《おぐら》という広大な池が存在したという事実以上のことはよくわからなかった。

そんなこともあり、当時は「伏見城で宴会をし和歌を書いた短冊を宇治川に流したところ、鯉が一口に飲み込んだので『一口』という地名がついた」という俗説も紹介してしまっている。とにかく、一回くらいの取材ではなかなか解き明かせない代物であったことは事実だ。

しかし、その後何度か取材を重ねるたびに真実に近いものが見えてきた。それは小野《おのの》篁《たかむら》という人物に関する伝説であった。

小野篁が隠岐《おき》に流罪《るざい》になって船を出したところ、嵐にあった。そのとき、「君は類まれな人物なのだから、必ず帰ってくるであろう。しかし、疱瘡を病めば一命が危ない。わが像を常に祀っていれば避けられよう」というお告げがあったのだという。

そこで、帰ってきた篁はこの像を祀ってこの一口の地に稲荷神社を置いたとのこと。「いも」は「疱瘡」の呼称で、「あらい」は「祓う」を意味したというのが今日では定説になっている。

三　太田稲荷神社の発見

このように京都における「一口」の意味だけはようやくつかめてきたが、問題は淡路坂にあったという「一口坂」との関連がわからない。実をいうと、冒頭に紹介した椋の木に貼ってある「元宮」の札はこの時点では気づいていなかった。ただ、淡路坂が昔一口坂と呼ばれていたということを単なる知識として知っていたに過ぎなかったのである。

太田姫稲荷神社（東京都千代田区）

事態が大きく動いたのは、ある神社の発見であった。私の地名本を最初に刊行してくれたのは白水社という出版社であった。冒頭でも紹介したこの本が私の地名シリーズの走りとなった。その白水社の建物は小川町の近くにあった。御茶ノ水駅から明治大学前の通りを下りきったやや裏手である。

何気なく白水社の会社の近くを歩いていたとき、気になって寄ってみた小さな神社があった。その名は「太田姫稲荷神社」……。ふっとひらめくものがあった。これってひょっとして淡路坂の稲荷神社のこと……？

小さな社殿に向かってみると、何とそこに一口の由来が書かれていたのだ！　そこには先に述べた小野篁の伝説のあとに、江戸を開いた太田道灌の最愛の姫が重い疱瘡にかかった際、道灌は京都の一口稲荷神社のことを聞き、娘の回復を祈願するために江戸に勧請したというのである。時に長禄元年（一四五七）のことであったという。

家康が江戸に入府してからは、江戸城改築のため、神田駿河台の大坂（淡路坂）に移され、それ以降一口坂と呼ばれるようになった。

太田稲荷神社が総武線拡張のため今のところに移ったのは、昭和六年（一九三一）のことだという。それまでは冒頭紹介した淡路坂の上にあったのである。稲荷神社に「太田」がついたのは、太田道灌にちなんでのものと考えてよい。

四　一口に稲荷神社があるか？

これで話は落ちがついたようにみえるが、そうではない。もし太田道灌が京都の一口から稲荷神社を勧請したとしたら、本家の一口にも稲荷神社がなければならない。実はそれまで私は一口に稲荷神社があることを確認していなかった。それまで一口には何度か足を運んではいたが、そのような神社は見かけたことがなかった。

平成二一年(二〇〇九)のことだから、もう一〇年近くも前のことになる。その稲荷神社を確認するために京都の一口を訪れた。改めて一口の集落を見ると、集落全体が数メートルの高さの土手の上にのびている。地元の人の何人かに訊いてみても、神社はよくわからない。ほんとうに稲荷神社はあるのか?……と不安は増すばかりだ。

一口の稲荷大明神(京都府久御山町)

何人目かに声をかけたら、「裏手の小路に小さな神社があるので行ってみたら」、という話を耳にした。疑心暗鬼にその小路に行ってみたら、確かに神社はあった! 嬉しさがこみあげてくる。
何の説明書きもない小さな神社である。観光客が来るのでもなく、地元の人からも意識されていない小さな神社……。でもこの神社こそ小野篁ゆかりの伝承を残す神社なのだ。
この神社の発見によって、東京淡路坂の一口の謎は解けたことになるが、もう一つの謎が残っている。それは「疱瘡を払う」という「いもあらい」になぜ「一口」という漢字を当てたかという点である。これについては、私は京都の一口地区に桂川・宇治川・木津川という三つの河川が一箇所（一口）に流入していることに由来するのではないかと考えている。これだけはまだ裏を取れてはいないが、そう考えるしか他にないというのが実感である。

五　六本木と靖国神社の芋洗（一口）坂

実は、東京には淡路坂のほかに、六本木に「芋洗坂」、靖国神社裏に「一口坂《ひとくち》」の計三つの一口がある。六本木の「芋洗坂」も靖国神社裏の「一口坂」は、ちょっと実相は異なってくるかもしれないが、とにかく、淡路坂の一口坂は本書で示したような壮大なドラマが確認されているので、本書でも大々的に紹介したということだが、他の二つに関してはこれほどまでに裏は取れていない。

例えば、『新撰東京名所図会』によれば、「芋洗坂」の由来は、ここに芋の市が立ったことによるとしている。

また、靖国神社裏の「一口坂」については、標識に「ひとくちざか」と記されているだけで、それ以上の文献的証拠は見つかっていない。

ただし、そうは言っても「一口」という地名の由来は「疱瘡を払う」ことに由来することは揺るがせない事実である。かつて『奈良 地名の由来を歩く』（ベスト新書、二〇一〇）を書いたとき、奈良盆地と吉野の間にある「芋峠」を越えたことがある。ここも峠で、やはり疱瘡などの病が入ることを防ぐ神を祀っていたことによるものである。神社は近鉄「橿原《かしはら》神宮前駅」の近くの街道筋にある。

「吉祥寺」がないのに、なぜ「吉祥寺」？

寺院の名前がつく地名のところには、必ずその寺院があるというのが、地名の鉄則である。ところが「吉祥寺駅」のある武蔵野市には「吉祥寺」が存在していない。実は文京区にその吉祥寺はある。それはなぜか？　その謎を解き明かしてみよう。

「吉祥寺」のない「吉祥寺」

「吉祥寺駅」の近くを「吉祥寺」と呼んでいる。若者にも人気の街である。普通だれでもそこに吉祥寺という寺院があるものと考える。しかし、吉祥寺駅を降りて探してもそんなお寺はどこにもない。

都内で昔から知られているのは東急東横線の「学芸大学駅」「都立大学駅」である。昔はこの駅の近くに「東京学芸大学」と「東京都立大学」（現在は、首都大学東京）があったことに由来しているが、両大学が移転してしまってからも駅名だけ存続している。

武蔵野市の吉祥寺の場合は、もともとここに同名の寺院があったわけでもないのに、吉祥寺にしているわけで、始末（？）が悪い。

『江戸名所記』巻二に「駒込村　吉祥寺」としてこう記されている。

諏訪山《すはさん》吉祥寺ハ、太田《おほた》の道灌、遠山《とをやま》丹波守心ざしを合せてこんりうせらる、開山ハ青岩《せいがん》
周陽和尚《しうやうおしやう》也
此寺そのかみハ和田倉橋《わだくらはし》のうちにありし、この所に用水の井を堀《（ママ）》けるに、井の中より一つの金印《かないん》をほりいだす、その印に吉祥《きちじやう》　増上《ぞうじやう》の四《よつ》つの文字《もじ》あり、これによつて此所に一寺をこんりうして吉祥寺とかうす。禅林はんじやうの霊地なり

簡単に訳すと、吉祥寺は太田道灌と遠山丹波守《たんばのかみ》が力を合わせて建立した寺院だが、昔は和田倉橋の内にあった。用水の井戸を掘ったところ、井戸の中から金印が出てきて、そこには「吉祥増上」の四つの文字が刻まれていた。そこでここにお寺を建立することにして、

吉祥寺と名づけた――という話である。

その後もこの寺院の歴史を述べているが、簡略にして紹介してみよう。

それからはるかに年月を経て東照権現《とうしょうごんげん》（徳川家康）が江戸城に移ったとき、当寺の五代目住職が、城内が狭いため神田に移転させることになった。江戸城内の敷地を譲ったことにより、幕府から七五石の寺領御寄附をいただき、それから代々御朱印を賜ってきたが、明暦三年（一六五七）に寺を駒込村に移転した。

二　明暦の大火で駒込に移転

これを見ると、吉祥寺は二度移転していることになる。一度目は和田倉橋の城内から神田へ、二度目は神田から駒込である。

最初の移転は幕府に協力して神田に移ったということである。二度目の移転については先の『江戸名所記』では「明暦三年にあたつて同安洞察和尚の住持たるとき、寺を駒込村にうつされたり」とあるだけで、その理由は記されていない。

この移転は世に「明暦《めいれき》の大火」と呼ばれる災害によるものであった。明暦三年正月一八日午後二時頃、当時本郷丸山にあった本妙寺から出火。二日間燃え続けて江戸の町を総なめにし、ついに天下の名城とうたわれた江戸城の五層の天守閣も炎上させてしまった。

この大火は、同じ振袖を着ていた娘が三人も焼けて死んだので、その振袖を供養のために焼こうとしたら火のついた振袖が舞い上がって燃え広がったところから「振袖火事」とも呼ばれた。

この大火によって罹災した吉祥寺は神田から駒込村に移転したというのである。

『御府内備考』には「吉祥寺跡」としてこう書いている。


吉祥寺跡は水道橋の外、本郷と小石川の境なるべし、今の石川、石丸、建部氏等の屋鋪などすべてその旧跡にや、この寺に蔵する天正のころの文書には神田の台とあり、このころすべてこの辺を神田といひにしや

駒込村吉祥寺（『江戸名所記』）

吉祥寺の山門

現在の位置感覚では、ちょうど、JR水道橋駅の東口を出て左手に行くと水道橋という橋があるが、その橋を渡ったあたりである。今は白山《はくさん》通りが走っているが、当時はなく、今の都立工芸高校から東京ドームシティホールの辺りがかつての吉祥寺の跡だと推測されている。

三　「吉祥寺」の今

吉祥寺の由緒書きによれば、明暦の大火後は、当山一三世の離《り》北良重《ほくりょうじゅう》禅師のとき、現在の地に七堂伽藍《がらん》を建立した。旃《せん》檀林《だんりん》（学校のこと）の学寮も二七棟を数えたものの、昭和二〇年（一九四五）の戦災によって山門と経蔵を残して灰燼に帰してしまったという。

本郷の東大よりも少し先に日光御成街道（岩槻街道）を行ったところの右手に吉祥寺の山門が見える。江戸時代から残っている貴重な建築である。戦災で焼かれてしまったので、境内は新しい感じだが、かつての禅僧の修行の場としても雰囲気は残している。

『江戸名所記』には、「江城詩記」なる資料があり、文章が麗しく、これを読む人はたちまちに頭痛の煩いが治るとも記している。その歌がこれである。

何事もよきさいはひの寺の名の　しるしをかねて土にしらせし

金印に刻まれた「吉祥増上」の四文字から生まれた寺名を寿《ことほ》ぐ歌である。江戸の良さを今に伝える歌である。

四　「吉祥寺村」の今

これからがこの「吉祥寺」の本題である。吉祥寺が駒込にあるのに、なぜ「吉祥寺」という地名が現在の武蔵野市にあるのか?

答えは、かつて神田にあった吉祥寺の門前周辺にいた人々に武蔵野の原野を与えて開墾し、「吉祥寺村」という村を作ったことにある。これが今日の吉祥寺の町の始まりである。

吉祥寺駅から五分も歩くと五日市街道に出る。これは昔ながらの街道筋だが、当時は猪と狸との共存状態だった。この街道を挟んで吉祥寺村の家々が立ち並んでいたという。街道に直角に交わるように細長い土地を与えられ、農民たちはその細長い土地に畑を耕して生活を営んだ。今はその名残はほとんどないが、街並みの細長い通りにかつての吉祥寺村の家々を思い浮かべることができる。

「錦糸町」の錦糸は〝禁止〟から、は本当か？

「錦糸町」という地名は美しい。あたかも錦《にしき》を織る糸が作られていたかのようなきらびやかさがある。ところが、その「錦糸」、実はあることを「禁止」したことによるとも言われている。はたしてその「禁止」説は正しいのか？　その真相に迫る。

一　「置いてけ堀」

「置いてけ堀」という言葉がある。「置いてきぼり」ともいう。『広辞苑』には「他の者を見捨てて去ること。置き去りにすること」とある。「置いてけ堀をくう」のように用いる。この「置いてけ堀」という言葉が「錦糸町」に由来することをご存じだったろうか。同じ『広辞苑』にこのようにある。

魚がよく釣れるが、帰りしなに、どこからともなく「置いてけ、置いてけ」という声が聞こえるという伝えのある場所。江戸の本所七不思議の一つに数えられている錦糸堀が有名。

「七不思議」とは、それぞれの地域に発生する不可思議な現象を集めたもので、いわば子ども向けの怪談のようなものである。全国各地にあるが、江戸では本所に伝えられる七不思議がとりわけ有名で、その中でもこの「置いてけ堀」の不思議が今でも語り継がれている。

七不思議とはいっても、厳密に「七つ」が決まっているわけではない。およそ「七つ」程度と考えられている。『隅田川の伝説と歴史』（二〇〇〇年）では次の九つを紹介している。

片葉の葦……留蔵《とめぞう》という男が思いを寄せていた娘に相手にされなかったため、斬り殺して堀に捨てたが、その後そこに生える葦は片側の葉しか生えなかった。

落葉なき椎……ある屋敷に非常に大きな椎の木があるのだが、落葉したのを誰も見たことがない。

津軽家の太鼓……火事を知らせるのに町方では半鐘《はんしょう》を叩き、大名屋敷では板木を打つのを常にしていたが、津軽家だけはなぜか太鼓を打つことが許されていた。

送り提灯……夜更けに町を歩いていると、前方に提灯の明かりが見え、近づくと消えてしまう。

燈《あか》りなしの蕎麦……行灯《あんどん》のない無人の蕎麦屋の屋台があった。客が待っても主《あるじ》は来ない。行灯に明かりをつけてもすぐに消えてしまう。

足洗い屋敷……ある旗本屋敷では、夜になると血に染まった大きな男の足が天井を突き破って現れ、「足を洗え、足を洗え」と騒ぐ。

送り拍子木……時の鐘の近くで夜回りをしていると、どこからともなく拍子木のカチカチという音が聞こえてくる。

置いてけ堀……略

馬鹿囃子《ばやし》……夜になるとどこからともなくお囃子が聞こえてきて、それにつられてついて行くと、野原の真ん中で寝込んでいた。

いずれも伝承なので、正式な話が文章として残っているわけではなく、本所のどこにその話が伝えられているかもよくはわかっていない。

二 「置いてけ堀」は「禁止」の話か?

「置いてけ堀」の話も同様に正確な話が文章として残っているわけではなく、さまざまなバリエーションがある。墨田区教育委員会による『墨田区の民間伝承・民間信仰』(二〇〇八年)には、次のように紹介されている。

ある日釣り人たちが、よく魚が釣れる堀と聞いて糸を垂らしました。すると聞いた話のとおり、確かに面白いように魚が釣れたので、みんな日が暮れるまで楽しみました。ところが帰ろうとすると、どこからともなく「おいてけー、おいてけー」の声が聞こえてきます。気味が悪くなり、あわてて魚籠《びく》の中をのぞいてみると、釣ったはずの魚が一匹もいません。

魚が逃げた様子も取られた様子もないため、その不思議さに怖くなった釣り人は、仲間を見捨てて一目散に家に帰りました。


ここでは複数の釣り人が釣りをしていて、不思議さに怖くなった釣り人が他の仲間を見捨てて一目散に帰ったという話になっている。つまり、仲間を「置いてけ堀」にして逃げ帰ったというのである。別な記録（話）では、浪人であったり酔っ払いであったりするが、単独の人間が登場し、その怖さから「何もかもおっぱらって一目散に逃げて行ったとさ」というふうに終わっているものが多い。

どちらにしても、何もかも捨てて逃げ帰ったところから「置いてけ堀」という言葉が生まれたことは事実である。

問題は、この「置いてけ堀」の話から「錦糸町」という地名にどうつながるかである。「錦糸」という言葉が「禁止」という言葉に由来するという話は確かに面白い。『東京23区の地名の由来』（幻冬舎ルネッサンス、二〇一〇）を書いた金子勤氏は「錦糸」の項で、本所七不思議の第一が「おいてけ堀」。魚を置いていけと、声がするという。これが「禁止」となり「錦糸」になった。

と書いている。この筋で考えると、「禁止」の対象は「ここで魚を釣ってはいけない」「持ち帰ってはいけない」という意味になる。はたしてこのような推理が可能かどうか。それを検証するのが次の課題になる。

三 「錦糸堀」の由来

「錦糸町」の由来を書いたものとして最も信憑性が高い資料は明治五〜七年（一八七二〜七四年）に東京府がまとめた『東京府志料』である。そこにはこう記されている（引用は『墨東外史 すみだ』一九六七年より）。

本所錦糸町　此地ハ里俗錦糸堀ト云。明治五年士族小邸並上地ヲ合併シ更ニ町名トセリ。

これでわかるように、この地はもと「錦糸堀」と呼ばれていたが、明治五年（一八七二）に士族の屋敷と上地《あげち》（幕府が没収した土地）を合併して「錦糸町」という名前にしたというのである。
「錦糸堀」という名はすでに江戸時代には存在したということだが、それが何らかの意味で「禁止」を意味していたという事実は残念ながら見当たらない。『墨田区史』（一九五九年）には、次のような記述がある。

きしん堀

町内南の方にあつて長さ約一八間（約三三m）、幅は二間三尺（約四・五m）ほどあり、俗称に岸堀といつたのを誤って「きんし堀」と唱えたといわれる。堀のできた年代も、位置も不明であるが、堀に続いた亀戸村の田畑地に古くは幕府御材木蔵があり、その岸通りの堀であつたので岸堀と称したといわれており、琴絲堀の文字を用いたこともあつた。

これを見る限り、「錦糸町」のルーツは「岸堀」であって、「きしぼり」もしくは「きしんぼり」であったということになる。それを誤って「琴絲《きんし》堀」と呼ぶようになり、やがて

「錦糸堀」という漢字に変化した。したがって、「禁止」は入る余地はなく、「禁止」説は単なる作り話だということになる。

四　おいてけ堀を探す

おいてけ堀があった場所については諸説ある。先に紹介した『墨田区の民間伝承・民間信仰』では次の五つを挙げている。

① 御竹蔵周囲の堀（横網一、二丁目）
② 錦糸堀（錦糸一～三丁目の北斎通り）
③ 区立錦糸堀公園（江東橋四丁目－17）
④ 横川（大横川親水公園の法恩寺橋から業平橋の間）
⑤ 江東区立第三亀戸中学校周辺（江東区亀戸一丁目－12）

一部江東区も入っているが、いずれもJR錦糸町駅から歩いていける距離にある。私は全部歩いて確かめてみたが、一番可能性が高いのは第三亀戸中学校の周辺だと見た。中学校の脇に碑も建てられており、「江東区登録史跡」という看板もある。そこには明治四二年（一九〇九）の地形図が紹介されており、そこに明確に「オイテケ堀」という文字が記

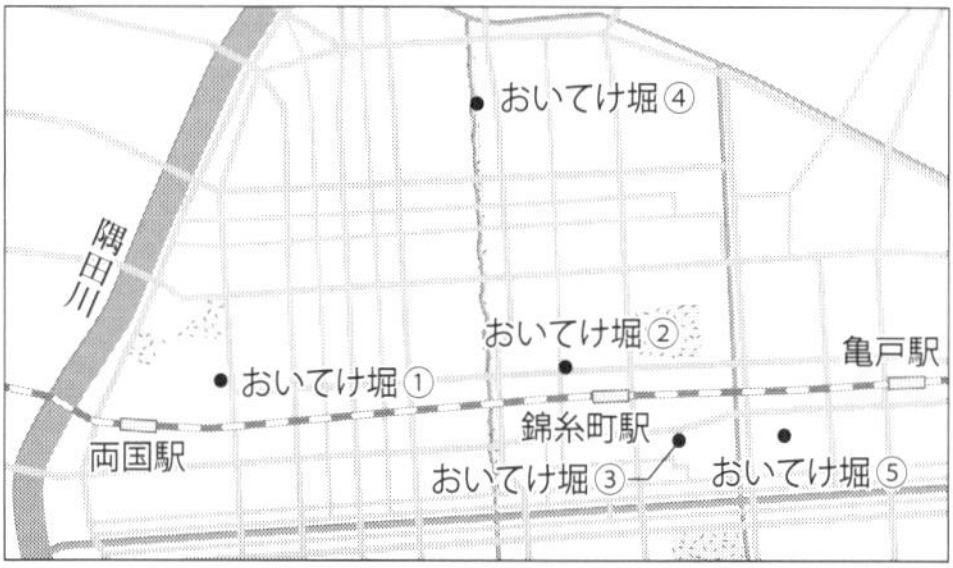

「おいてけ堀」の推定地

かっぱ像（錦糸堀公園）

おいてけ堀跡の碑

されている。

それ以外には「御竹蔵」の近くには看板が建っているが、現在の北斎通りにも横川にもそれらしきものは何も残されていない。

錦糸町駅南側にある錦糸堀公園にはかっぱ像が建てられているが、それは「おいてけ、おいてけ」と言ったのが河童だったという伝説に基づいて作られたもの。声掛けの正体については河童という説以外に狸説もある。

また科学的にいえば、「ギバチ」という魚ではないかという説もある。ギバチはギギ科の淡水魚で、「ギーギー」という音を発するといわれる。が、それが「おいてけ」と聞こえるかは疑問だ。

コラム① 「日本橋」は「二本橋」だった!?

「お江戸日本橋」の「日本橋」。誰もが「日本一の橋」だと思ってきた。ところが、近年「二本橋」だったのではと考えられている。慶応義塾大学の教授だった池田彌《や》三郎《さぶろう》の説が興味深い。それによると——、

江戸の町が造成され始めた頃、丸太二本を渡しただけの粗末な橋があった。「二本橋」と呼ばれていたが、やがてこの地が江戸の中心として発展するとともに立派な橋に改修されて、いつのまにか「日本一の橋」という意味で「日本橋」と呼ばれるようになった。

根拠になっているのは、一七世紀の末に出された『紫の一本《ひともと》』に「一つ橋、日本橋（二本橋）ありて、三本橋なきはいかに」と書かれていることと、大阪にある「日本橋」は「にっぽんばし」と呼ばれているが、江戸の「日本橋」は「にほんばし」と呼んでいることなどである。

江戸初期には、「にっぽん」と呼ばれることが多かったという。

第三章

明治以降の地名ミステリー

「秋葉原」はなぜ「アキバハラ」でなく「アキハバラ」と読むのか?

「秋葉原」は「アキハバラ」と読む。しかし、かつて私が故郷信州松本から上京したとき「アキハバラ」という読み方に違和感を持った。どう読んだって「アキバハラ」だろう！と思ったのである。

長野県伊那地方から秋葉神社に向かう街道名は「秋葉《あきば》街道」と呼んでいる。信州では「秋葉」は「アキバ」なのである。知り合いに「秋葉さん」がいるが、これはやはり「アキバさん」である。

ではなぜ、この地名「秋葉原」だけは「アキハ」と濁らないのか。その謎解きに挑戦してみよう。

一「秋葉原」の誕生

「秋葉原」が誕生したのは江戸時代ではなく、明治に入ってからであった。明治二年（一八六九）一二月一二日、神田相生町《あいおい》から出火した火災は神田一帯を焼き尽くし、罹災戸数は一〇〇〇軒余に及んだ。そこで、政府は神田佐久間町の裏通りに約一万坪の火除け地を確保し、その中心に「火防のお宮」を建てることになった。明治天皇の意向によって宮《きゅう》城《じょう》内紅葉山から鎮火三神を奉遷《ほうせん》し東京府火災鎮護の神社として今の秋葉原の地に創建することになった。その三神とは次の祭神である。

火産霊大神《ホムスビノオオカミ》（火の神）
水波能売神《ミツハノメノカミ》（水の神）
埴山比売神《ハニヤマヒメノカミ》（土の神）

この三柱の神が必要なのはよくわかる道理だ。「火」を消すのは「水」が必要なのは当然だが、「土」も火消にとって重要な役割を持っていた。この三柱の神々によって新生なった東京の安全を図ろうとしたのである。

この鎮火社はいつの間にか「秋葉社」と呼ばれることになり、そこからこの神社が置かれたエリアは「秋葉原」と呼ばれることになった――。

これが大まかな流れだが、詳しく見ていくとわからない点がいくつも出てくる。

二　台東区にある「秋葉神社」

宮城から遷座された火伏の神「秋葉社」は、その後鉄道が上野駅から南に延伸されることになった際、今の秋葉原駅を造ることになって、台東区松が谷に移ることになった。現在、台東区松が谷三丁目一〇番七号に鎮座する「秋葉神社」がそれである。

この神社は紛うことなき「秋葉神社」で、もともと今の秋葉原駅の場所にあった神社である。ご祭神も先に挙げた三柱の神々である。境内掲示による「由緒」にはこう記されている。

明治初年東京府内に火災が頻発し市民の難渋せる状を御憂慮せられた英照皇太后（明治天皇御母）の思召を以て、明治天皇より太政官に御下命になり、宮城内紅葉山より鎮火三神を奉遷し東京府火災鎮護の神社として現今の秋葉原の地の《〔ママ〕》創建せられたのが当社の始めである。明治二十一年鉄道駅設置のため境内地を払下げ現在地に御遷宮となる。秋葉原の駅名も当社名にその因を発する。

台東区の秋葉神社

まさしく、この秋葉神社こそ、「秋葉原」という地名・駅名のルーツとなった正統派（？）の神社である。実は、これまで何度となくこの「秋葉原」について著書や雑誌に書いてきたが、この「秋葉神社」は静岡県浜松市（旧春野町）に鎮座する「秋葉神社」と直結するものと考えて書いてきた。

秋葉神社は全国に約四〇〇社あるといわれているが、その総本社とされているのは浜松市天竜区春野町にある秋葉山本宮秋葉神社と新潟県長岡市谷内にある秋葉三尺坊大権現であり、いずれも神仏習合の火《ひ》防《よけ》の神として広く信仰を集めてきた。特に静岡の大権現秋葉神社は関東一円に大きな影響力を有しており、そのためにもと秋葉原にあって今は台東区に移っている秋葉神社についても、静岡の秋葉神社の末社だと考えていた。

これは私だけではなく、多くの人々がそう考えてきたのではないか。ところが、今回の取材でそれが誤りだったということが判明した。

つまり、宮城から移した神社は秋葉神社ではなく、大火以降「火伏の神」として喧伝されたために、いつのまにか「秋葉神社」と呼ばれるようになってしまったという話である。

三　墨田区にある「秋葉神社」

話はかなりややこしいが、わかりやすくいうとこうなる。

先に紹介した台東区にある秋葉神社の「由緒」には、宮城紅葉山から鎮火三神を奉遷したとだけあって、秋葉神社を勧請したとは書いてない。つまり、秋葉原に移された神社はもともと「秋葉神社」という名前ではなかったということである。

私の誤りは、宮城から移した神社がもともと「秋葉神社」であったと考えていたところにある。だから、この地に置かれた神社は静岡の秋葉神社の末社だと考えてしまっていた。

ところが、静岡の秋葉大権現の末社は別のところに存在していることが判明した。それが墨田区にある「秋葉神社」である。この神社こそが秋葉大権現の流れを汲む正統派の秋葉神社である。

『江戸名所図会』には「秋葉大権現社」として、次のように書かれている。

> **秋葉大権現社**　同所三丁あまり東の方請地《うけち》村にあり。遠州《えんしう》秋葉《あきは》権現《ごんげん》を勧請《くわんじやう》し、稲荷《いなり》の相殿《あひでん》とす。

墨田区の秋葉神社のご由緒によれば、昔この地は五百崎《いおさき》の千代世の森といわれ、この千代世稲荷大明神は正応二年（一二八九）に草創されたといい、さらに元禄一五年（一七〇二）に遠州秋葉大権現を勧請して秋葉稲荷両社となって、後に秋葉神社となったという。

つまり、明治になって宮城から移された秋葉原の鎮火の神様は、いつの間にか墨田区の秋葉神社を中心に広がっていた秋葉信仰の権化と化して東京にその名を上げていったということなのである。

こんなこともあるのかと、ちょっと考えさせられ

墨田区の秋葉神社

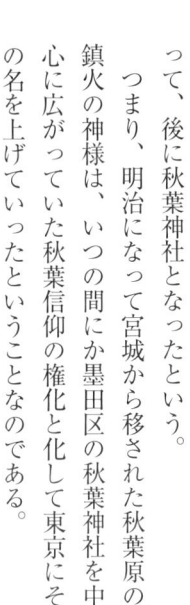

る話である。確かに江戸時代には火伏の神として秋葉大権現と京都の愛宕神社の信仰が広く広がっていたことは事実で、明治に入ったばかりの当時においては鎮火の神様と聞いただけで秋葉神社をイメージしたことによるものである。

四　なぜ「アキハ」なのか?

以上述べたように、秋葉神社に関してはやや屈折した歴史があるので、誤解を招きやすいので、要注意である。しかし、肝心な点は「秋葉」をなぜ「アキバ」と読まず、「アキハ」と読むのかという点である。

秋葉大権現の系統を引く墨田区の「秋葉神社」はもちろん「アキハ」である。そのことは、『江戸名所図会』のふりがなも証明している。当時はまだ台東区の秋葉神社は存在していないが、墨田区の「秋葉大権現」はきちんと「アキハ」とルビを振っている。

さらに、もうかれこれ十数年も前、静岡県浜松市にある秋葉神社の本社にどう読むか確認の電話を入れたことがある。すると神社の方は「私どもの神社は『アキバ神社』ではなく『アキハ神社』と申します」と明言された。

念のため、私は静岡県の秋葉神社まで足を運んだ。発音だけは現地に行って直接聞かなければわからない。これは地名研究の基本であるが、研究者の執念でもある。

新浜松駅から遠州鉄道に揺られて「西鹿島《かじま》駅」まで行き、さらにバスで小一時間かけてようやく秋葉神社の下社に着いた。その間ずっと地元の人の発音に聞き耳を立てていたが、地元では一〇〇パーセント「アキハ神社」「アキハさん」であった。「アキバ」は皆無であった。

では、なぜ「アキバ」は「アキハ」と濁らないのか。私はかつて『京都 地名の由来を歩く』の取材を行った際、「貴船神社」を「キフネ」「キブネ」どちらに読むかを神社で確認したことがある。

そのときの回答は「私どもの神社は水の神様ですので、濁らずに『キフネ』と申します」ということだった。考えてみれば、神社は聖域であり心を清くするところなので、濁点を嫌うということなのは当たり前のことだったのだ。

しかし……である。事実は小説よりも奇なりとはよく言ったものだ。台東区の秋葉神社に行って宮司《ぐうじ》さんに伺ってみると、この神社の近くでは「アキバさん」と呼ばれているとか……。昭和の始めに、この地に移ってきたときに、名称を正式に「秋葉《あきば》神社」にしようと依頼したこともあったという。

この事実は台東区の秋葉神社が静岡の秋葉大権現の系統を引く神社でないことの証しともいえよう。

五　「アキバ」の今

昭和二〇年（一九四五）三月の東京大空襲で焼け野原になった秋葉原に、廣瀬無線電機、山際電気商会などの電気商が集まってきて今日に至る電気街が形成されてきた。鎮火の神様に由来する街が火災の原因となりうる電気街として発展してきたのは、歴史の皮肉と言えるかもしれない。

さらに、今や秋葉原は世界の電気街・サブカルチャー街として発展している。昔は電気街で雑然とした街だったが、今はダイビルなどの高層ビルも並び、世界の「ヨドバシカメラ」などで多くの若者たちを魅了している。最近の呼び名は「アキバ」だ！

「お台場」の台は、何を乗せた台なのか?

「お台場」には一度くらい行ったことのある人は多い。台とは、文字通り「何か」を乗せるための装置である。では、このお台場にはいったい何を乗せたのか? しかもわざわざご丁寧に「お台場」と「お」までついている。この地名にまつわる秘密を知っている人は少ない。

幕末から明治に移り行くある事件がきっかけで造られた「お台場」。その謎を解き明かすことにしよう。

一 「台場公園」

「ゆりかもめ」に揺られてお台場に遊ぶというコースは、若者にとって最もおしゃれなコースと言っていいだろう。

この「ゆりかもめ」が開業したのは平成七年（一九九五）のことで、この鉄道によってお台場の魅力が増したことは事実だ。当時すでに人気絶頂だったレインボーブリッジに向けて、まるで遊園地のジェットコースターのように宙を走る鉄道など、それまでは考えられもしなかった。

一瞬東京の街にいることを忘れてフロリダかカリフォルニアにいるかのように思わせる雰囲気が確かにある。

お台場海浜公園から東京ビッグサイトに至る一帯は「レインボータウン」と呼ばれ、若いカップルや家族連れでにぎわっている。フジテレビ本社やテレコムセンターからの展望は素晴らしいし、船の科学館も楽しめる。

砲台

ゆりかもめの「お台場海浜公園駅」で降りて、レインボーブリッジ方面に戻ると「お台場海浜公園」が続いている。松並木沿いに歩いていくと「台場公園」と名が変わるが、そこが現在ただ一つ自由に見られる「台場」である。これは歴史的には「第三台場」と呼ばれる。

つまり、三つ目にできた台場という意味である。

四角形に石垣で囲まれた城郭風の建造物だが、この第三台場はおよそ九〇〇〇坪（二九七五二平方メートル）の広さを誇っている。

海を見渡せる一角に砲台のレプリカが置かれている。小さいものだが、これが謎解きの一つの証拠である。つまり、この台場には「砲台」が設置されたのである。これは幕末のある事件が引き金になって幕府によって築造された。

二　ペリーの来航

台場とは砲台を設置するために造られた城郭のような施設であった。「お」をつけて呼ばれたのは幕府に対する敬意を表するものであった。

この台場を設置するきっかけになったのは、歴史上よく知られたペリーの来航である。嘉永六年（一八五三）六月、アメリカ大統領フィルモアの親書を携えた東インド艦隊司令長官のM・C・ペリー（一七九四～一八五八）は相模国浦賀に来航した。ペリーの艦隊は沖縄を拠点にして江戸の幕府に開国を迫ったわけだが、幕府は何とか翌年までにということで説得して沖縄に返すことに成功した。

そして、その間に何としても江戸を護るために海防強化に努めることにした。幕府は以前から海防についての建議を行ってきていた伊豆国韮山《にらやま》代官江川英龍《えがわひでたつ》に海防の庁議に列席させ、対策を講じるよう命じた。

「江川英龍」とは「江川太郎左衛門」とも呼ばれ、代々韮山の世襲代官を務める世襲の名前で、その三六代目がこの江川英龍（一八〇一〜一八五五）である。積極的に洋学の導入に貢献し、品川台場を大砲を鋳造するための反射炉を造ったり、日本で初めてパンを焼いたりした人物としても知られている。

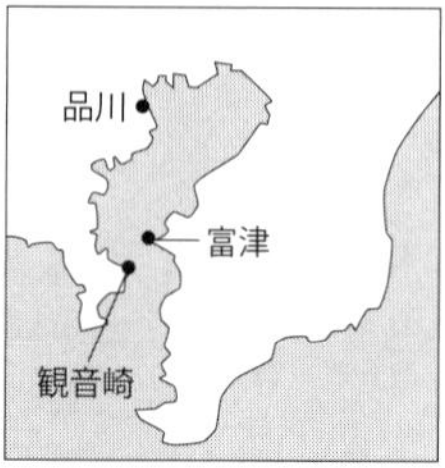

台場の場所

江川は相模国の観音崎《かんのんざき》と上総国《かずさのくに》の富津《ふっつ》に台場を築くこと及び品川沖に台場を築造する建議を提出した。確かに観音崎はペリーが来航した浦賀のすぐ隣に位置する岬である。

観音崎と富津は対岸の洗濯物が見えると言われるほどの距離で、まさにこの両岸に台場を置いたら江戸湾に進入することは難しくなると思われる。

三　「品川台場」

さて、これからが本題である。江戸の町の入り口に位置する場所に幕府は複数の台場を建設しようとしたが、その数と位置がまず問題である。

幕府は品川沖に一一基の台場を建設しようとした。まずその位置を確認しよう。さまざまな資料をもとにわかりやすい配置を示した。

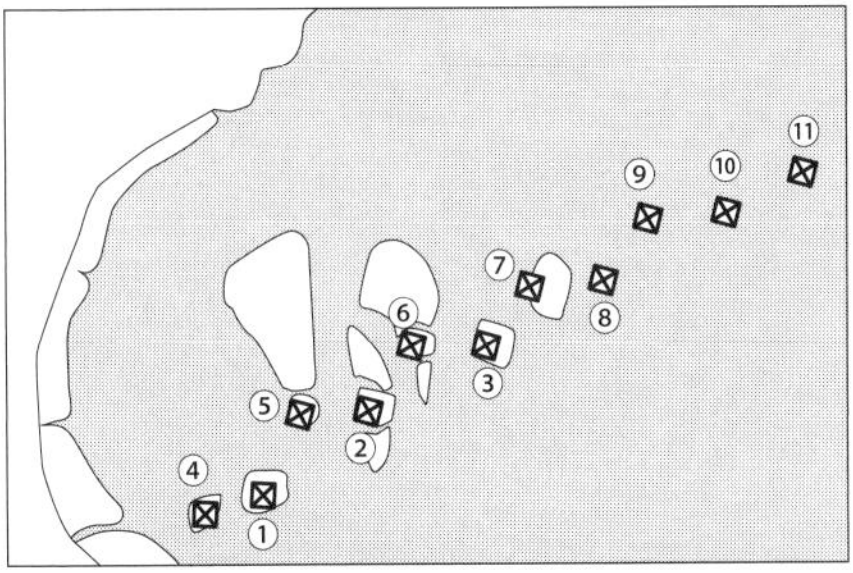

品川台場の配置図（佐藤正夫『品川台場史考』内の図をもとに作成）

これを見ると、品川沖にほぼ一直線上におよそ四五度の角度で前後して配置されている。つまり、菱形の形で敵艦を迎え撃つ形をしているということである。これはなぜだろう？

菱形にしている理由は、台場の間をすり抜けようとする敵艦に前方左右から砲撃を加え、さらに抜けられてしまった場合は後方の左右から砲撃を加えるという構造にしてあるということである。なるほど、それは攻撃の仕方としては有効であろうと思える。

一例として、現存している第三台場の構造は図のようになっていた。第三台場は変形五角形になっているが、

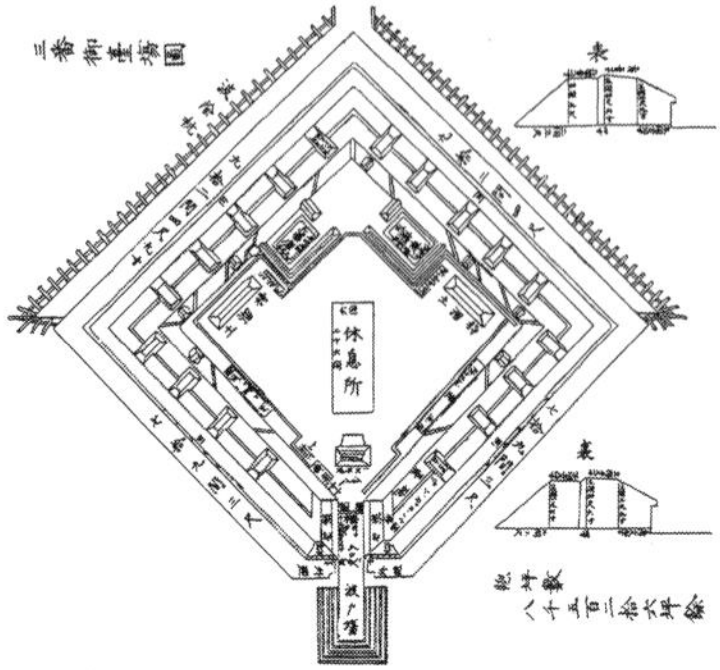

第三台場の構造（『陸軍歴史』図は佐藤正夫、前掲書より）

一辺のそれぞれに数個の砲台が置かれ、全方位に砲撃できる構造になっていることがわかる。

この一一基の台場のうち、ペリー来航の翌年に当たる嘉永七年（一八五四）四月に、第一、第二、第三がまず完成した。さらに同年一一月に第五、第六台場が完成。これと同時に御殿山下台場も完成したが、これは後に第四台場と呼ばれることになった。

しかし、同じ嘉永七年三月、江戸幕府とアメリカとの間に日米和親条約が結ばれたために、台場そのものの緊急性がなくなり、それ以降の台場建設は見送りになった。結局この一連の台場からは一度も砲撃されなかったということになる。

四　なぜ「品川台場」と呼ばれたか？

ここでもう一つの謎解きに挑戦してみよう。この一連の台場がなぜ「品川台場」と呼ばれたかである。

現在、形として残されているのは第三台場と第六台場だけである。すでに紹介したように、第三台場には誰でも行くことができるが、第六台場は、海の中にあり、足を踏み入れることはできない。第三台場からはすぐ前に見ることができるし、レインボーブリッジやゆりかもめからは眼下に見ることができる。

現在のお台場は、実は港区・品川区・江東区の三つの区が隣り合わせになって成り立っている。お台場海浜公園一帯は港区、潮風公園・船の科学館は品川区、東京テレポート駅は江東区といった具合である。三つの区とはいっても、ゆりかもめは新橋から出ているので、私たちの感覚ではお台場は港区といったイメージが浸透してしまっているのだ。

だから、この一連の台場が「品川台場」と呼ばれてきたという歴史を目にすると、「なぜ品川なの？」という疑問が自然に湧いてくる。

しかし、よく考えてみれば、一七七ページの図でわかるように、築造当時はこの数基の台場と称する島しか存在していなかったわけで、それが品川沖にあったことから「品川台場」と呼ばれたというに過ぎない。

現在のお台場では第三台場と第六台場しかなかったわけで、その他はすべて海だったということである。

もともと地番のなかった埋め立て地であった。三つの区が地先ルール（従来の区域線を海側に延ばす方式）と交通上の接続により決定しようとしたが、三区は一歩も引かず、三区が隣り合わせの現状になったということである。

「恵比寿」と「ヱビスビール」どちらが先か?

ＪＲ「恵比寿駅」のホームに立っていると、耳なじみのある発着音楽が流れる。「高田馬場駅」には手塚治虫の「鉄腕アトム」の曲が流れるが、こちらは高田馬場駅近くに手塚プロダクションがあるからだ。

恵比寿駅に流れる曲は一九四九年という大昔公開された『第三の男』という映画の主題曲である。この『第三の男』の曲が「ヱビスビール」のＣＭソングだったことに由来している。

今や「ヱビスビール」は一味違うビールとして多くのファンを集めているが、いったいこの「恵比寿」という地名はどこから来たのか。「恵比寿様」が先か、「ビール」が先か、その真相を明らかにしよう。

一　「第三の男」とは？

戦後すぐ育った私たちの世代では『第三の男』という映画はまさに同世代のシンボルのようなものだ。第二次大戦後のオーストリアのウィーンを舞台にしたサスペンス映画で、同年に開催された第三回カンヌ映画祭でグランプリを獲得したことでも知られる。製作国はイギリスで、英語名では『The Third Man』だが、ドイツ語圏が舞台だったこともあって『Der Dritte Mann』という印象が強い。

アメリカの売れない西部劇作家のホリー・マーチンスは、親友のハリー・ライムから仕事を頼まれてウィーンにやってくるが、ハリーは前日交通事故で亡くなったと告げられる。不審に思ったホリーは事件の究明に乗り出すというストーリーだ。その過程で「第三の男」ハリーに邂逅するというストーリーである。

恵比寿駅にこの『第三の男』の曲が流れているのは、この恵比寿の地で作られたビールがドイツの技術によって完成されたことにより、ＣＭで使われたという歴史的経緯によるものである。

二　「恵比寿」が先か、「ビール」が先か？

かつては「恵比寿駅」というと、渋谷と品川を結ぶ山手線の途中の駅というイメージしかなかった。そのイメージを大きく変えたのが平成六年（一九九四）にオープンした「恵比寿ガーデンプレイス」であった。駅からガーデンプレイスまでのやや長い距離を「動く歩道」で結ぶなど、当時としては画期的なアイデアで若者たちを惹きつけたことは記憶に新しい。実はこのガーデンプレイスは、かつて恵比寿ビールを製造していた工場の跡地に造られたのである。

恵比寿ガーデンプレイス

広大なガーデンプレイスにはデパートやイベントホール、ビアホールなどがあり、多様な人々に楽しんでもらえる施設が集まっている。

デパートとは三越デパートなのだが、その後ろにサッポロビールの本社がある。実はこの「恵比寿」という地はサッポロビールと深い関係がある。ということは、どうやら「ヱビスビール」が先で、その影響のもとに「恵比寿」という駅名・町名ができたようなのだ。

三 「恵比寿麦酒」の成立

サッポロビールには二つの流れがある。一つは明治九年（一八七六）札幌に創業した開拓使麦酒醸造所であり、これがサッポロビールの本流である。そして、もう一つは明治二〇年（一八八七）に東京に設立された日本麦酒醸造会社である。

東京で生産することになったビールに関しては、ドイツ人醸造技師の指導もあって、現在のガーデンプレイスの場所に工場を建て、生産を開始した。この地を選んだのは、ドイツ人技師が「三田用水の水質がビールづくりに適している」と進言したことによると言われる。かつてこの地を通っていた三田用水は下北沢村（現在の世田谷区北沢）で玉川上水から分水され、現在の恵比寿を通って三田方面に流れていた。

このビールは縁起をかついで「恵比寿ビール」として売り出された。明治二三年（一八九〇）のことである。すべり出しは好調であったらしい。

「恵比寿」というブランド名は、古くから七福神として親しまれてきた恵比寿にちなんでつけられた。七福神は福徳をもたらす神として信仰されてきた七体の神をいうが、江戸時代以降は、恵比寿天・大黒天・毘沙門《びしゃもん》天・弁財天・布袋尊《ほてい》・福禄寿《ふくろくじゅ》・寿老人《じゅろうじん》をいう。そのうち、恵比寿は商売繁盛の神として信仰を集めてきた。

この結構な名前にちなんで、明治三四年（一九〇一）にビール出荷専用の貨物駅、そして五年後の明治三九年（一九〇六）には旅客用の「恵比寿駅」が誕生した。昭和三年（一九二八）には「恵比寿通」という町名が誕生した。企業名から生まれた地名は、愛知県の「豊田市」、千葉市中央区の「川崎町《ちょう》」、大阪府池田市の「ダイハツ町《ちょう》」、山口県山陽小野田市の「セメント町《まち》」など多数あるが、商品名から生まれた地名というのは極めてまれである。

「サッポロビール」は札幌に生まれたので「サッポロビール」なのだが、「恵比寿」はビール名から生まれた地名なのである。少しややこしい。

四　「エビスビール」の復活

ところが、恵比寿麦酒は昭和一八年（一九四三）製造が中止されてしまう。戦時中ということだったのかもしれない。その恵比寿麦酒が復活したのは昭和四六年（一九七一）のことである。その七年前の昭和三九年（一九六四）には、日本麦酒株式会社はサッポロビール株式会社に社名を変更している。

戦後途絶えていた「恵比寿麦酒」は「ヱビスビール」として二八年ぶりに復活した。「名品、いまよみがえる。特製ヱビスビール」と紹介され、「目出度《めでた》いうまさで新発売」「泡までちがいます」ともいわれた。

当時は口コミによる市場の広がりを期待していたようで、それ以降、飲み屋に「ヱビスビールあります」という看板が目立つようになった。

恵比寿駅の前にはふくよかな「ゑびす像」が建てられているが、これは昭和五〇年（一九七五）に建てられたもので、書は第六六代内閣総理大臣を務めた三木武夫《みきたけお》氏のものである。

「東京」は「とうけい」と呼ばれていた?

「東京」と「八王子」を結ぶから「京王線」、「東京」と「成田」を結ぶから「京成線」――。

でも、その「京」はなぜか「ケイ」と読んでいる。本来「京王線」「京成線」は「きょうおう線」「きょうせい線」でもよかったはず。ところが、同じことが「東京」そのものについても言われたことがあった。「東京」と書いて「とうけい」と呼ばれた時代があった。その謎に迫る。

「ケイ」と読む路線・「キョウ」と読む路線

まず東京と近郊を結ぶ鉄道で、「京」を「ケイ」と読む路線と「キョウ」と読む路線を開業順に挙げてみよう。鉄道の歴史は複雑だが、それぞれの鉄道名ができた順に記すことにする。


「京浜急行」　明治三二年（一八九九）「大師電気鉄道」を「京浜電気鉄道」に改称。

「京成線」　明治四二年（一九〇九）東京と成田を結ぶ路線を造るために「京成電気軌道株式会社」が設立。

「京王線」　明治四三年（一九一〇）「武蔵電気軌道」を「京王電気軌道」と改称。

「京浜東北線」　大正三年（一九一四）東京駅から高島町駅まで運行された電車が「京浜線」として呼ばれたことが最初。昭和三一年（一九五六）に「京浜東北線」に改められた。

「京葉線」　昭和五〇年（一九七五）蘇我駅と千葉貨物ターミナルを結ぶ路線として開業。全通は平成二年（一九九〇）。

「埼京線」　昭和六〇年（一九八五）池袋―大宮間が「埼京線」として運行開始。

これを見てお わかりのように、最新の「埼京線」を除いてすべて「京」を「ケイ」と読んでいる。あまりにも慣れ親しんでしまっているために、このことを誰も不思議に思わないが、よく考えてみれば、不思議な話である。なぜ「京」を「ケイ」と読んでいるのだろう。

実はここに「東京」の秘密が隠されている。明治の初め「東京」は「東京」とも書かれ、「とうけい」とも呼ばれていた時期が確かにあったという。その秘密を次に探ってみよう。

二 「京」という漢字

先に挙げた六本の鉄道を見ると、顕著な事実がわかってくる。「ケイ」と読むのはいずれも「京」が頭にくる。それに対して「キョウ」と読むのは「埼京」だけで後にくる。これだけでみると、「京」が頭にくるときは「ケイ」と読み、後にくる場合は「キョウ」と読むことになりそうだが、言うまでもなく頭にきた場合でも「京都」のように「キョウ」と読むのだから始末が悪い。

もう一つ引き出せそうなのは、時代によって変わってきたのかもしれないという仮説である。「ケイ」と読む鉄道は「京葉線」を除けばいずれも戦前に命名されたものだ。すると、戦前には「京」は「ケイ」と読んでいたのか？ 「京葉線」は戦後命名されたものだが、それはすでに以前から東京都と千葉県の東京湾に面する地域を「京葉」と呼んできたことにちなむものだ。
それと同じ理屈でできたのは「京浜」である。東京と横浜のエリアを「京浜」と呼んでいたから「京浜急行」も「京浜東北線」もできたのだ。
ただ一つ「埼京線」だけが最近になってできて「キョウ」と読んでいる。この特徴は「京浜」「京成」「京王」「京葉」がいずれも「音読み+音読み」の漢字で構成されているのに対し、「埼京」は「訓読み+音読み」の構成になっていることだ。これは「湯桶《ゆとう》読み」と称されるもので「湯桶」(湯つぎの器)に由来する。この反対が「音読み+訓読み」の漢字で、「重箱《じゅうばこ》読み」というのはご存じの通りである。
そこで、手元の漢和辞典をひもといてみた。そこには意外な事実が記されていた。
「京」を見ると、まず次の音訓が紹介されている。
「キョウ」(呉音)
「ケイ」(漢音)
「キン」(唐音)
「呉音《ごおん》」とは古く中国の南方系音の伝来したもので、例えば「男女」を「なんにょ」のように発音する。「漢音」は唐代の長安（今の西安）地方で用いられていた発音で、平安時代以降は正式な発音とされた。さらに「唐音」とはその後の宋・元・明・清の中国音を伝えたものとされる。

これによれば、「キョウ」と読むのは「京都」「上京」とかが「呉音」によるものとなるが、漢和辞典にほとんどを占めているのは「ケイ」で、例えば「京邑《けいゆう》」（みやこ）、「京《けい》洛《らく》」（天子のいるみやこ）、「京城《けいじょう》」（天子の住まい）などである。

つまり、漢字で「京」はそのほとんどが「ケイ」と読んでいることになる。

ちょっと面白いのは「唐音」で「キン」と読むということである。例えば「北京《ぺきん》」「南《なん》京《きん》」はこれで見事に説明がつくことになる。

このように見てくると、「京成」「京浜」「京王」の「京」を「ケイ」と読むことは至極当たり前で、むしろ「京都」を「キョウト」と読んだことの方が例外に近いということになる。

三 「東京遷都」

明治の中頃までいわゆる「東京」については「東京」と書かれることがあり、「とうきょう」とも「とうけい」とも読まれていたという事実が明らかになっている。
「江戸」が「東京」と改称されたのは慶応四年（一八六八）七月一七日に天皇が江戸に下した詔書《しょうしょ》にあるとされている。全文を載せると以下のようになる（引用は『東京府史　行政篇　第一巻』一九三五年より）。

慶応四年七月十七日

詔　書

朕今万機ヲ親裁シ億兆ヲ綏撫ス**江戸ハ東国第一ノ大鎮四方輻輳之地宜シク親臨以テ其政ヲ視ルヘシ因テ自今江戸ヲ称シテ東京トセン**是朕ノ海内一家東西同視スル所以ナリ衆庶此意ヲ体セヨ

辰七月

一番大事な部分はゴチックにしてあるので、読んでいただきたい。そこだけを訳すとこうなる。

江戸は東国第一の政治拠点であり、四方から多くの人々が集まる地であり、親しく臨んでその政治を執るべきである。よってこれから江戸を東京と称することにする。

この詔書が京都から東京への遷都宣言と一般にとらえられているが、よく読むと、「江戸」を「東京」に改称せよと言っているだけで、京都から東京へ都を移すと宣言しているわけではないことがわかる。明治元年（一八六八）一〇月一三日と翌年三月二八日の二度にわたる「東幸」の事実によって、天皇家は何となく京都から東京に移られ、東京に遷都されたということになってしまった。

今でも京都の人々は、いつか天皇家は京都に帰ってくるものと考えている。

四　小木新造の「東京《とうけい》時代」

歴史学者小木新造に『東京《とうけい》庶民生活史研究』（日本放送出版協会、一九七九）がある。これは小木の博士論文を上梓したものだが、そのベースにある視点は、明治の前半を「東京時代」と位置づけるところにある。小木によれば、江戸から東京への移行はすんなり運んだものではなく、「東京」にしても、「東京」という文字以外に「東京」も使われており、さらに読み方も「東京《とうきょう》」「東京《とうけい》」「東京《とうけい》」「東京《とうきょう》」の四種類があったという。「東京」の例としては、「東幸」の錦絵そのものに「東京」と記されていたとされ、さらに明治期に音楽教育と師範教育に尽力した伊沢修二（一八五一～一九一七）がアメリカマサチューセッツ州ブリッジウオーター師範学校の成績簿にはローマ字で出身地TOKEI JAPANと記しているという。

このような事実を見ると、明治時代中期までは、「東京」を「とうけい」と読んでいたケースが見られ、「東京」＝「とうきょう」ではなかったということになる。

このような歴史があったために、「京成線」「京浜東北線」「京王線」の「京」を「ケイ」と呼ぶことになったのではないか。

これは「東京」の隠された歴史である。

「馬場」がないのに、なぜ「高田馬場駅」？

「高田馬場」といえば、誰もが山手線の「高田馬場駅」周辺をイメージする。現に駅周辺は「高田馬場一〜四丁目」という町名で固められている。しかし、「馬場」そのものはこの駅周辺にはなかった！　現在の早稲田大学の近くに馬場はあったのである。しかも、その「高田馬場」は「たかたのばば」とかつては呼ばれていたことが確認されている。本来「たかたの馬場」であったものが、なぜ「たかだの馬場」に変わってしまったのか？　その真相に迫る。

一　堀部安兵衛の仇討

高田馬場といえば、かの堀部《ほりべ》安兵衛《やすべえ》の仇討が思い浮かぶ。時は元禄七年（一六九四）、安兵衛と伯父・甥のちぎりを結んだ菅野六郎左衛門《すがのろくろうざえもん》はささいなことで村上庄左衛門《むらかみしょうざえもん》と果たし合いをすることになる。安兵衛はおっとり刀でかけつけ仇討を果たしたという話である。堀部安兵衛の本名は中山といい、赤穂《あこう》浪士の一人である。浪士が吉良《きら》邸に討ちいったのは元禄一五年（一七〇二）の一二月のこと。高田馬場の決闘から八年後のことであった。

穴八幡宮で入手した資料によると、決闘のとき安兵衛が息継ぎに酒を飲んだという一升桝が近くの酒屋さんに伝えられているという。この取材を行ったのはもうかれこれ十数年以上も前のことになる。その酒屋さんは小倉《こくら》屋だということがわかったので、地下鉄の早稲田駅を出た角の店に行って訊いてみた。

ご主人の栗林昌輝さんの話だと、実は一升桝ではなく、五合桝だったという。昔は店の正面の壁にその写真が貼ってあったが、今は取り払われている。ちょっと惜しい。

二　高田馬場はどこにあったか？

実は十数年前の取材時には、高田馬場の跡地を確認出来ていなかった。たまたま、今年になって別の取材でその跡地を確認することができた。まずは文献で高田馬場を確認してみよう。

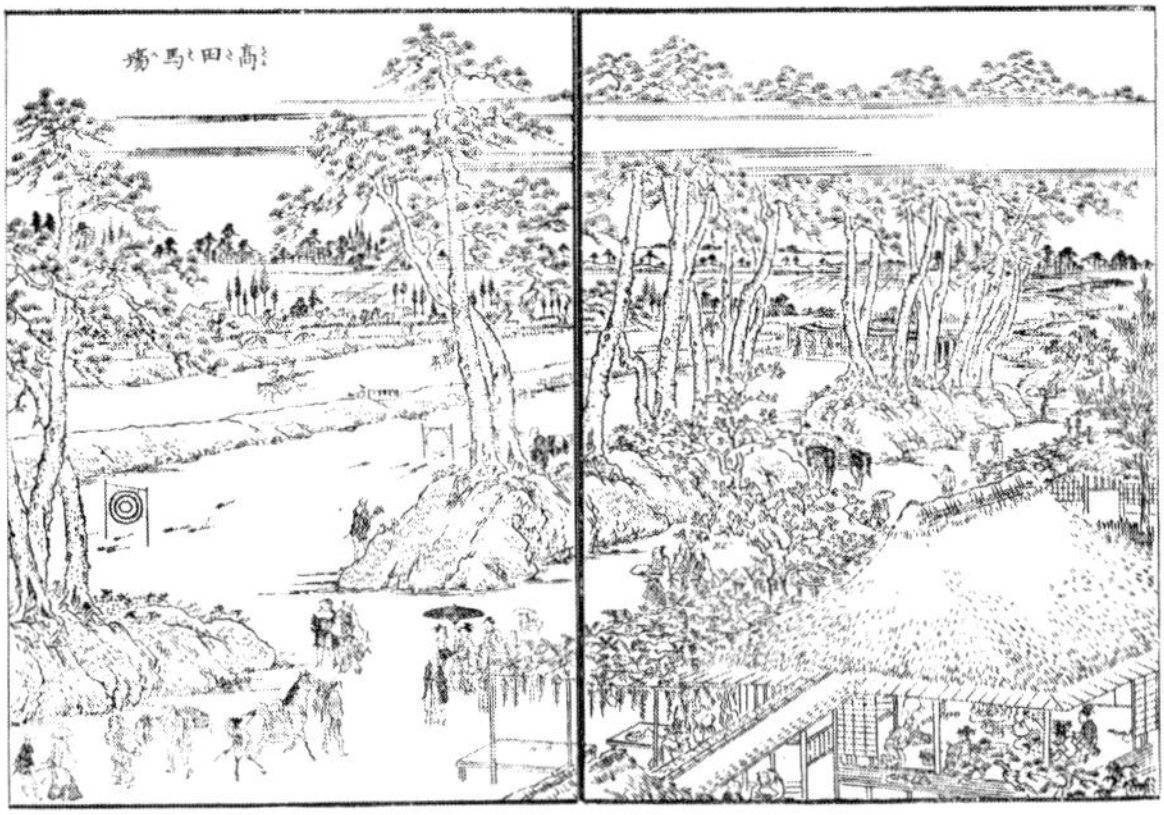

高田馬場（『江戸名所図会』）

この地に馬場が完成したのは寛永一三年（一六三六）だと言われている。『江戸名所図会』にはこう書かれている。

> **高田馬場**　（前略）追廻《おひまは》しと称して二筋あり。竪《たて》は東西へ六町に、横の幅は南北へ三十余間あり。相伝ふ、昔右大将頼朝卿隅田川よりこの地に至り、軍《いくさ》の勢揃《せいぞろ》へありし旧跡なりといへり。土人の説に、慶長年間越後少将（忠輝卿）の御母堂高田の君、遊望《いうまう》の設《まうけ》として開かせらるゝ所の芝生なりしが、寛永十三年に至り今の如く馬場を築かせ給ひ、弓馬調錬の所となさしめらるゝとなり。

これはきちんと訳しておこう。

高田馬場跡の位置

高田馬場跡

高田馬場「追廻し」といって馬場の中央に縦に一本の土手を設けて二筋ある。縦は東西に六町（約六五〇メートル）、横は東西に三十間余り（約五五メートル）ある。その昔源頼朝が隅田川からこの地に来て軍勢を整えた跡だという。地元では慶長年間（一五九六〜一六一五）越後の松平忠輝《ただてる》卿の御母堂高田の君が庭園として開かせた芝生だったが、寛永十三年（一六三六）になって今のように弓馬の調練所となることになった。

東西約六五〇メートル、南北約五五メートルの場所を見つけるのはそう容易なことではなかった。ある編集者と現地に赴いて歩いてみたが、なかなか手がかりがつかめない。すると、角のお寿司屋さんの看板に馬場の地図が貼ってあるのを発見！　地図で示すように、早稲田大学から穴八幡の坂を上りつけた右側に馬場跡があるのがわかった。

三　「高田」は何と読むか？

さて、これからが本題である。この「高田馬場」の「高田」を何と読んだかである。「たかだ」なのか？　それとも「たかた」なのか？

現在の私たちは、この「高田」を「たかだ」と読む。これは当たり前のことで、新宿区の町名「高田一〜四丁目」の「高田」は「たかだ」である。

ところが、もともとの「高田馬場」の「高田」は「たかた」と読んでいたのである。『江戸名所図会』では「高田八幡宮」（通称「穴八幡宮」）の説明で「牛込の総鎮守にして高《たか》田《た》にあり」と記している。『江戸名所図会』はルビは正確に「濁音」には必ず「゛」を振っているところに特徴がある。同じく「戸塚」も「とつか」とルビを振り、「とづか」とは一線を画しているのを見ても、「高田」が「たかた」と読まれていたことは事実である。

それだけでは足りず、早稲田大学卒業の友人にも確かめてみた。彼によれば、戦後に至ってもなおかつ、早稲田周辺では「たかた」と読んでいたとのことであった。

「高田」の由来は六〇万石の石高を誇る越後の高田藩主松平忠輝の御母堂（高田の君）によっていることは、『江戸名所図会』からの引用で紹介した通りである。現在では新潟県上越市になっている「高田」は「たかだ」と読まれているが、江戸時代の初めには「たかた」と読まれていたのかもしれない。

四 「高田馬場駅」になった理由

もともと「高田馬場」は「たかたのばば」であったことは理解していただけたろう。それがなぜ「たかだのばば」になってしまったのか？　そこには隠されたエピソードがあった。

これは実際にJR高田馬場駅に聞き取りに行ってわかったことである。明治四三年（一九一〇）国有鉄道山手線の駅として開業したのだが、当初予定した駅名は「戸塚駅」だったという。この地はもともと「戸塚」という町名だったのだから、これは当然の成り行きであった。ところが、すでに国有鉄道には神奈川県に「戸塚駅」があったため、使うことはできなかった。これもわかる道理である。現在でもJRだけでなく私鉄を含めても同一の駅名は認められないルールとなっている。

そこで国有鉄道では、やや距離的に離れてはいるが、早稲田の「高田馬場」という著名な地名を使って「高田馬場駅」にしようとしたという。

ところが、「高田馬場」の本拠地である早稲田のほうからクレームがついたという。なぜそんな離れたところに「高田馬場」という駅名をつけるか、というものだった。これも地元の人々の心情からすれば当たり前の話ではある。

「戸塚駅」は重複するから使えない。「高田馬場」もクレームがついて使えない。このディレンマに苦渋していた矢先、思いがけないアイデアが出された。

「早稲田の方の高田馬場は『たかたのばば』でしょう。こちらの駅名を『たかだのばば』にすれば問題ないでしょう」

そこで、早速高田馬場の本拠地に向かって、あなた方のところは「たかたのばば」でしょう、こちらは「たかだのばば」にするから問題ないですね、ということで押し切ったという話である。

確かに理屈としては矛盾はないにしても、早稲田の人々は大いに迷惑を被ったに違いない。結果として「高田馬場」という地名は現在の「高田馬場駅」周辺にシフトし、「たかたのばば」であるべき町名も「たかだのばば」となってしまったのだから。

「板橋区」の「板の橋」はどこにある？

池袋のすぐ北につながる板橋区の由来は「板橋」という橋が架けられていたからというのが通説になっている。でもどこにその「板橋」があるのか、よくは知られていない。そもそも橋って板で造るのが普通じゃないの？　とも思ってしまう。その橋を探すところから始めてみよう。

一　板橋区は練馬区の生みの親！

「板橋」というと最近は埼京線の板橋駅でよく知られるようになったが、昔は池袋乗り換えで赤羽までの赤羽線なるマイナー電車が走っていた。池袋・板橋・十条・赤羽といった旧赤羽線の沿線は、どちらかというと山手線の外側のひっそり隠れた地域のように思われていたところだ。しかし、十条駅の近くには十条銀座のような情緒たっぷりの元気ある商店街などが今も健在で、下町情緒を楽しませてくれる。

「板橋区」は昭和七年（一九三二）に東京府北豊島郡板橋町・上板橋村・志村・赤塚村・練馬町・上練馬村・中新井村・石神井村・大泉村の九町村が東京市編入により合併され、板橋区となったことによって成立した。

この大合併では、「東京市」に隣接する「荏原郡」「豊多摩郡」「北豊島郡」「南足立郡」「南葛飾郡」の八二カ町村を新たに「東京市」に編入した。このことによって、「東京府」は「東京市」三五区と「北多摩郡」「南多摩郡」「西多摩郡」の三郡によって構成されることになった。

それまで「東京」といえば、「赤坂区」「浅草区」「麻布区」「牛込区」「神田区」「京橋区」「麹町区」「小石川区」「下谷区」「芝区」「日本橋区」「深川区」「本郷区」「本所区」「四谷区」の一五区を指していたが、それに加えて、この「板橋区」を始め「足立区」「江戸川区」「王子区」「葛飾区」「品川区」「杉並区」「世田谷区」「中野区」「目黒区」などの二〇区を編入して「東京市」は三五区という巨大な都市に発展したということである。

したがって、この時追加された二〇区は東京のいわば新参者で、昔の東京から見れば郊外の「田舎」であったことになる。

昔から、この板橋区と練馬区が複雑にからまって境界がはっきりしないなと思っていたが、その謎が解けた。冒頭に示したように、昭和七年に「板橋区」が成立したときには「練馬町」「石神井村」「大泉村」などが含まれていた。実はこのときの「板橋区」には現在の「練馬区」が含まれていたのである。板橋区から練馬区が独立して一つの区になるのは、戦後の昭和二二年（一九四七）のことである。したがって、板橋区は練馬区の生みの親ということになる。

二　大平原に石神井川

『江戸名所図会』には「板橋の原」として、「都《すべ》て上下板橋と称する地を指して云ふなるべし。この地もとより広々《くわうくわう》たる平原なり」と記されている。おそらく江戸時代まではこの板橋一帯は荒涼たる平原がどこまでも続いていたのであろう。このエリアは台地であるために水田には適さず、畑作が広まったのも明治以降のことで、それまでは一面の荒野が続いていたはずである。

その荒野の中を一本の川が西から東に向かって流れていた。その名を石神井川という。

この川が今の練馬区から板橋区に流れ、最後は北区に出て隅田川に合流していた。実は、この川と「板橋」という地名が深い関わりを持っている。

『江戸名所図会』にはこの「石神井川《しゃくじかは》」について「武州《ぶしう》石神井《しゃくじ》村《むら》三宝寺《さんぼうじ》の池より発するところなり」と記されているが、現在は、小平市の都立小金井公園付近を源流とし、西東京市・練馬区・板橋区・北区を流れ北区堀船で隅田川に合流する延長二五・二キロメートルの一級河川とされている。

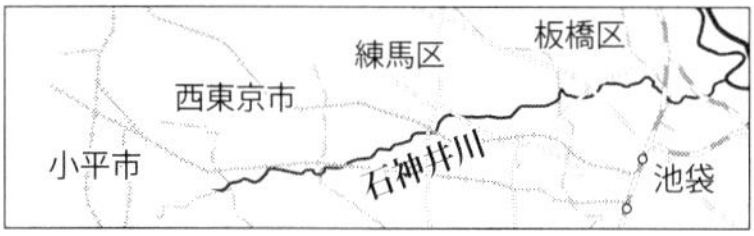

石神井川の流路

「石神井」という地名は珍しいものだが、「石神」に関する信仰を示すもので、柳田國男も『石神問答』という著書を著している。現在は東京の大都会を横断する河川として住宅街に埋没してしまっているが、かつては東京を代表する自然渓谷として知られていた。

現在は音無もみじ緑地になっていて、記念碑が建っているだけで何も面影はないが、百数十年前までは、このような渓谷になっていたのだ。

その石神井川をさかのぼっていくと、板橋区「加賀」という町名がある。この辺はかつて加賀藩の下屋敷があったところで、「金沢小学校」という学校もある。そこからさらに少しさかのぼると「板橋」という橋に出る。この地点はこの石神井川と中山道が交差するところで、ここに架けられた橋が「板の橋」だったので「板橋」という地名になったのだというのが通説になっている。

三 「板橋」の宿

現代の私たちの常識で考えれば、江戸の町に架けられた橋は板で造るのが普通と考えるから、なぜ「板橋」なんて地名がついたのかと不思議に思ってしまう。

そこで改めてその「板橋」を『江戸名所図会』の絵で紹介してみよう。次ページの図をご覧いただきたい。「板橋駅《いたばしのえき》」の絵である。向かって右側が日本橋方面、左側が京都方面である。これを見ると橋は左右に板を敷き詰めて造ってあることがわかる。板の橋とはこのような橋を指しているものと考えられる。

しかし、江戸時代に造られた多くの橋は皆このような構造で造られたものであって、特に目新しいものとは到底考えることはできない。どこにでもある橋と考えることができる。

ところが、このような「板橋」が平安時代に造られていたと考えてみよう。この荒涼たる大平原に一本流れる景勝地にこのような板の橋ができていたとしたら、当時としては大変物珍しかったに違いない。とにかく、平安末期にはすでに「板橋」という地名は成立し

石神井川（『江戸名所図会』）

板橋駅（『江戸名所図会』）

ているので、それ以前に板橋は出来上がっていたと考えられる。

四　板橋宿を歩く

この板橋が現在どうなっているかを探りに行こう。埼京線で池袋から一つ目の駅が「板橋駅」だ。駅前に新撰組隊長として名を馳せた近藤勇《いさみ》（一八三四～一八六八）の墓がある。近藤勇は天保五年（一八三四）武蔵国多摩郡上石原村（現調布市野水《のみず》）に生まれ、剣法を修めてその名を知られ、新撰組設立に貢献した。入隊後は隊長として活躍したが、幕末の戦乱で下総国流山《しもうさのくにながれやま》（現千葉県流山市）で官軍にとらえられこの板橋で処刑された。享年三五歳。今は副長だった土方歳三《ひじかたとしぞう》と連名の供養塔が刻まれ、静かに眠っている。

そこから三〇メートルも行くと旧中山道《なかせんどう》に出る。家並みは中山道時代の趣を今も色濃く残している。

そこから数分も歩くと高速道路を越えるが、ここから板橋宿に入る。板橋宿は中山道の第一の宿で、東海道の品川宿、日光・奥州道中の千住宿、甲州道中の内藤新宿とともに江戸四宿と呼ばれている。四宿の中では規模は小さい方だったが、他の宿に比べてやや日本橋に近かったため、素通りする旅人が多かったからといわれる。しかし、四宿の中では最もかつての面影を残す町並みとして一度は行ってみてほしい宿場である。

　宿場は一七〇〇メートルにも及び、日本橋から見ると、平尾宿・中宿・上宿の順番に街並みが続いている。ちょっと考えると、江戸に遠い方に「上宿」があるのはおかしいと考えてしまうが、江戸時代においてはいかに江戸に近くても、あくまでも京都に近い方が「上」なのである。

　この三つの宿の中で中宿と上宿の境界線になっているのが石神井川で、そこに架かっているのが「板橋」である。現在は鉄筋コンクリートの橋になっているが、「板」のイメー

現在の板橋

板橋の位置

ジを損なわないように造られている。橋のたもとには、

距日本橋二里二十五町三十三間
日本橋から十粁六百四十二米

と書かれている。およそ一〇キロと六〇〇メートル余りの距離ということである。この橋の周辺は春は爛漫の桜に彩られる。ぜひ足を運んでほしいスポットである。

第四章

とっておきの地名ミステリー

「代々木」の「代々《よよ》伝えられる木」はどこにあるのか？

「代々木」という地名も、六本木と同様「木」にまつわる地名であると推測できよう。では「代々」とは何なのか？　疑問はつきない。

ところが、平成二九年（二〇一七）六月の新聞報道で、「代々木」の地名の由来となった巨木の写真が発見されたという。その巨木の実像に迫ろう。

一　「代々に伝える木」から

地名研究の手順はまず文献に当たることから始まる。さまざまな歴史書やガイドブックに引用されている基本的な文献を探すことから始める。さまざまな引用がされているが、その中で最もキーになる文献というものが必ずある。「代々木」に関しては『大日本名所図会』第九〇号の記述がそれである。薄い雑誌で明治四四年（一九一一）に発行されている。そこには次のようにある。

代々木の名義に就ては。風土記稿等之を記せず。東都一覧武蔵考に「代々木とはむかし此辺に皀角《さいかち》の樹を多く植て。土人代々の生産となせし故の名なり」とあり。記者の聞ける所は此と異なり。代々木御料地たる旧井伊侯下屋敷に樅の老樹あり。幾年代を経しを知らず。已枯れて後継者も喬木となり居れり。是れ当地に於て最も有名なり。代々木の称は是より起れりと。皀角は探査の際未だ嘗て目に触れず。甚だ疑ふべし　されば後者の説を以て当れりとせむか。

現代語に訳しておこう。

代々木の由来については風土記稿（『新編武蔵国風土記稿』のこと）等には記されていない。『東都一覧武蔵考』には「代々木とは昔ここに皀莢《さいかち》の木を植えて土地の人々が生産したことからこの名ができた」とあるが、記者が聞いたこととは異なっている。代々木御料地であった井伊侯の下屋敷に樅《もみ》の老木があり、どのくらい年を経ているかもわからない。すでに枯れてその後継の木も高木になっている。この地では最も有名である。代々木の名もこれから生まれたという。皀莢は調べてみてもまだ見つかっておらず甚だ怪しい話である。したがって後者の説が当たっているであろう。

『東都一覧武蔵考』という文献は入手できなかったが、皀莢の話は明らかに矛盾している。なぜなら、「皀莢」とは『広辞苑』によると、「マメ科の落葉高木。高さ三〜五メートル」とある。この高さで「代々伝えられる高木」になることはあり得ない。この一点で皀莢説は消えることになる。

次にこの資料でわかることは、この木のあった場所である。「旧井伊侯下屋敷」とはどこか？　それは、実は現在の明治神宮の境内である。明治神宮はもちろん明治天皇を祀った神社だが、明治神宮が創建されたのは大正九年（一九二〇）のことで、なぜこのような広い土地が活用できたのかというと、ここが江戸時代紀伊家の下屋敷であったからである。その広さはおよそ一八万坪というから、内藤家の下屋敷だった新宿御苑の一八万坪とほぼ同じ広さということになる。

この屋敷跡に一本の樅の巨木があって、その木から「代々木」という地名が生まれたのだという。

二 樅の木の大きさは？

さらに、その樅の木がどれほどの大きさだったかを調べてみた。江戸時代末期に一人の隠居人が書いた紀行文がある。「十方庵主《じっぽうあん》」の釈敬順《しゃくけいじゅん》が記した『十方庵遊歴雑記』（全五編十五巻）である。「代々木下屋敷井伊家の大樅」として詳しく書かれているが、大木の様子を書いている部分を紹介してみよう（引用は『新修 渋谷区史 上巻』一九六六年より）。

此やしき内には今稀代の大樹の樅の木あり、枝四方へ蔓る事五十余間、第一の枝は地上より弐丈余も離れて高きも、枝の穂先は低くして地上へ這、これにて第一の枝先より伝わり登りて第二の先へ登り、第二の枝先より第三の枝へ、伝はり登らる、次第にして頂上に登るにこゝろ安し

まずここまで読んでみよう。この樅の木の枝は四方にのびていて五十余間とあるが、こ

れは今風にいえば九〇メートル以上ということになる。第一の枝は地上から二丈（六メートル）も離れているが、枝の穂先は地上に届いているという。そして、第一の枝から第二の枝に登り、さらに第三の枝まで伝わって登ることができ、次第に頂上に近くなると気持ちがいいとも書いている。

続いてこう書かれている。

しかれども樹高き事数拾丈、千駄がやのあなたよりも此樅の穂先能見ゆ、扨幹の太さ両手を一亘に広げかゝえ試しみるに九抱あり、是を間数に直せば弐間半四方もあらん、理なる哉樹の向に馬三疋を繋ぐといへども、更に馬の首尾ともに見えずと実に左もあるべし

いかに大きな木であったかがよくわかる記述だ。木の高さは数十丈と書かれているが、これは少しオーバーのようだ。丈というのは三メートルなので、その数十倍というのはオーバーだが、要は「数十」をどの程度に読むかということだ。その高さ故、千駄ヶ谷の向こうからもこの樅の木の穂先は見えたのだという。幹の太さは両手をいっぱいに広げても

九抱えもあり、二間半四方、つまり四・五メートル四方にもなると書いている。そしてさらに驚くことに、木の向こうに馬三頭を繋いでも、頭も尻も見えないと言われているが、さもありなん、と書いている。

そして、著者はおよそ全国広しといえども、このような大木はおそらくないだろうといい、「神代よりの古木とやいはん、如何ばかりの年代をか経たりけん」と書いている。さらに、この古木のおかげで武蔵野を歩く旅人は東西南北を判別して迷わずに旅行できたと書いている。

三　実際の木の姿

この紀行文を読むことによって、「代々木」地名の由来になった樅の木の存在については理解できた。ならば、実際の姿を見てみたい。そう思うのが人情というものだ。

そこで、幕末に歌川広重が描いたという絵を紹介しよう。次ページ上の図は『絵本江戸土産』に載っている絵である。「代々木村《よよぎむら》の代々木《よよぎ》」と書かれている。

そして右下の写真は冒頭に紹介した新聞記事に載せられた写真である。これは北海道出身で写真家を目指し上京したものの大正一二年（一九二三）に病没した渡部亀太郎《わたなべかめたろう》さんが

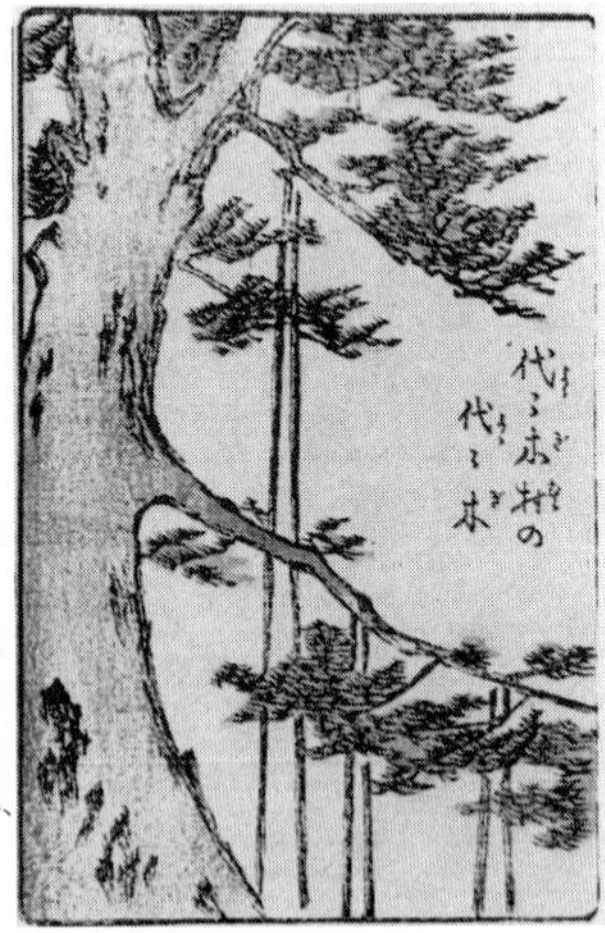

右上・広重の代々木の絵（『絵本江戸土産』）
右下・立て札には「代々木ナル地名ノ起源トナリシ樹木」との文字がある（所蔵：白根記念渋谷区郷土博物館・文学館、撮影者：渡部亀太郎、撮影日：大正９年12月５日）
左下・現在の「代々木」

撮影したものである。この大木は第二次大戦の空襲によって焼失してしまったという幻の「代々木」である。

明治神宮に参拝するのは何十年ぶりのことか。昔初詣に行ってその参拝客の多さに驚き、その後足が遠ざかっていた。久し振りに訪れた明治神宮は正月気分もすっかり抜けて落ち着いた雰囲気を楽しむことができた。

正門をまっすぐ進んだ左手に、現在の「代々木」があり、看板が建てられている。真の「代々木」にまで成長するにはあと数百年はかかることだろう。そんな悠久の時の流れを感じながら、代々木の取材は幕を閉じた。

私個人にとっても「代々木」は大切な宝物になった。

なぜ新宿に「箱根山」があるのか？

新宿区の「戸山公園」に「箱根山」という山があるという。しかも標高四四・六メートルで、山手線の内側で最高峰という。その登山を試みたが、意外にも傾斜がきつく、さすが最高峰だけのことはあった。

それにしても、大都会の新宿の一角になぜ「箱根山」があるのか。その真相に迫ろう。

一　箱根山登山

地図の上で見る限り東京メトロ東西線の早稲田駅からが近いが、やはり新宿という以上、山手線の「新大久保駅」から歩いてみることにした。新大久保駅近くには、新宿区の図書館があることから何度も足を運んだことがある。しかも、この「大久保」というところは江戸時代「百人町」と呼ばれた地域に近接していて、今も当時の町割りの痕跡が残っている。

「百人町」とは内藤新宿ができた江戸時代、鉄砲百人組が置かれたところで、町割りが細長く、数十メートル以上の細長い路地に家々が続いている。新大久保駅の近くにもその町割りが残されている。

私の勘違いは駅を出た早々に発覚！　箱根山があるのは「戸山公園」だが、大久保通りを歩いていたら、左手に公園らしき森が見える。まさかこんな近くに戸山公園があるはずないのに、と思いながらその森を目指した。大久保通りからわずか数十メートル入ったところにある公園だが、そこは当然のことながら目的地ではない。

しかし、後でわかったことだが、この公園も「戸山公園」の一部で、正確には「戸山公園」の「大久保地区」という名前になっている。

明治通りを渡って戸山公園に向かうと急な坂を下ることになる。坂をほぼ下り切ったところに、小さな看板を発見した。

「この辺り尾張徳川家戸山荘古駅楼跡」

今はわずかなスペースの公園になっているが、この辺りに尾張徳川家の建物があったと

箱根山登山口

箱根山の頂上を目指す

いうことになる。そこからさらに少し坂を下ったところが、どうやら箱根山の登山口らしい。そこから登り始めたが、意外に山の傾斜は本格的だ。一見とても四十数メートルの山肌とは思えない。

山頂はきれいに整備されているが、一角に登頂者には「登頂記念証明書」なるものまで発行してもらえることが記されている。さすが山手線の内側で最高峰の山のことだけはある。

二　尾張藩徳川家の屋敷だった

この山には知られていない謎が秘められているが、それは後に触れることにして、まずはこの公園の歴史をひもといてみよう。

『明治東京名所図会』には「戸山の荘」として、次のように書かれている。

戸山《とやま》の荘《そう》は。今の戸山学校の構内《こうない》全部。即ち其の処にして。旧《きゅう》尾張藩主の別荘《べっそう》なり。江戸第一の名園《めいえん》にて。其の地歩は十三萬六千余坪《よつぼ》に渉《わた》る。林泉台池勝景《しょうけい》主眼なるもの二十有五。俗間《ぞくかん》には五十三駅の風景《ふうけい》を具備せりと称したり。故に当時《たうじ》一たび園中の遊客《いうかく》となりし者皆争ふて之を記述《きじゅつ》せり。

ここは正確に訳しておこう。

戸山の荘は今の戸山学校（陸軍戸山学校）の構内すべてで、かつては尾張藩主の屋敷であった。江戸第一の名園で、その面積は一三万六〇〇〇坪余にも及んでいた。林や泉、丘や池など景色の優れた主なところだけでも二十数か所もあり、俗に東海道五十三次の風景を備えていると言われていた。そのため当時は一回でもこの庭園に遊んだ者は皆争ってこのことを記述している。

敷地が一三万六〇〇〇坪という広さは並ではない。本書でも紹介しているように、内藤家の下屋敷であった新宿御苑は一八万坪、青山家の敷地であった青山霊園は八万坪というのだから、それらに匹敵する広さということになる。

現在の戸山公園はかなり特殊な形をしているが、もともとの尾張藩の屋敷は、新大久保駅の近くの大久保地区を含めたエリアであった。今は両公園の間を明治通りが通っているが、この二つの公園を含めたエリアが尾張藩の屋敷だったということである。

実はこの庭園を造るに当たっては、あるエピソードが残されている。そもそもこの庭園を造ったのは三代将軍家光の長女「千代姫《ちよひめ》」が尾張徳川家の第二代に当たる光友《みつとも》に嫁いだ際遊んだ場所であったからという。千代姫が嫁いだのはわずか数えで三歳、光友も一五歳だったという。

嫁いでから二、三年して、千代姫があのとき遊んだ庭はどうなったかと尋ね、それをきっかけにして立派な庭園を造ったのだとも伝えられている。姫の力は偉大だったということか？　あり得る話ではある。

三　この地図どう読む？

箱根山の八合目に一枚の看板が建っている。そこにある地図が読めない！　なぜか。看板の地図には、北の方位を示す記号をつけるか、地形に合わせて建てるものなのだが、この看板はこの原則をほとんど無視しているからである。だから、ネットには、訪れた人がこの地図をどう読んだらいいかわからないとぼやいた声も載っている。

いったい、この地図で箱根山の山頂はどこなのかがわからない。この図は「寛政年間戸山尾州邸園池全図」というもので、先に引用した『明治東京名所図会』「戸山の荘」に掲載されているものである。そこでわかりやすく描き直したのが次ページの図である。

図にある「玉圓《ぎょくえん》（円）峰《ぼう》」というのが「箱根山」の別称である。

実はこの図と絡み合わせて、この箱根山をめぐるある謎を解くことにしたい。

実は新宿エリアの標高は三〇メートルほどあるので、いくら箱根山が四四・六メートルの最高峰だとしても、実際は一五メートル程度の山でしかないことになる。これは単順な

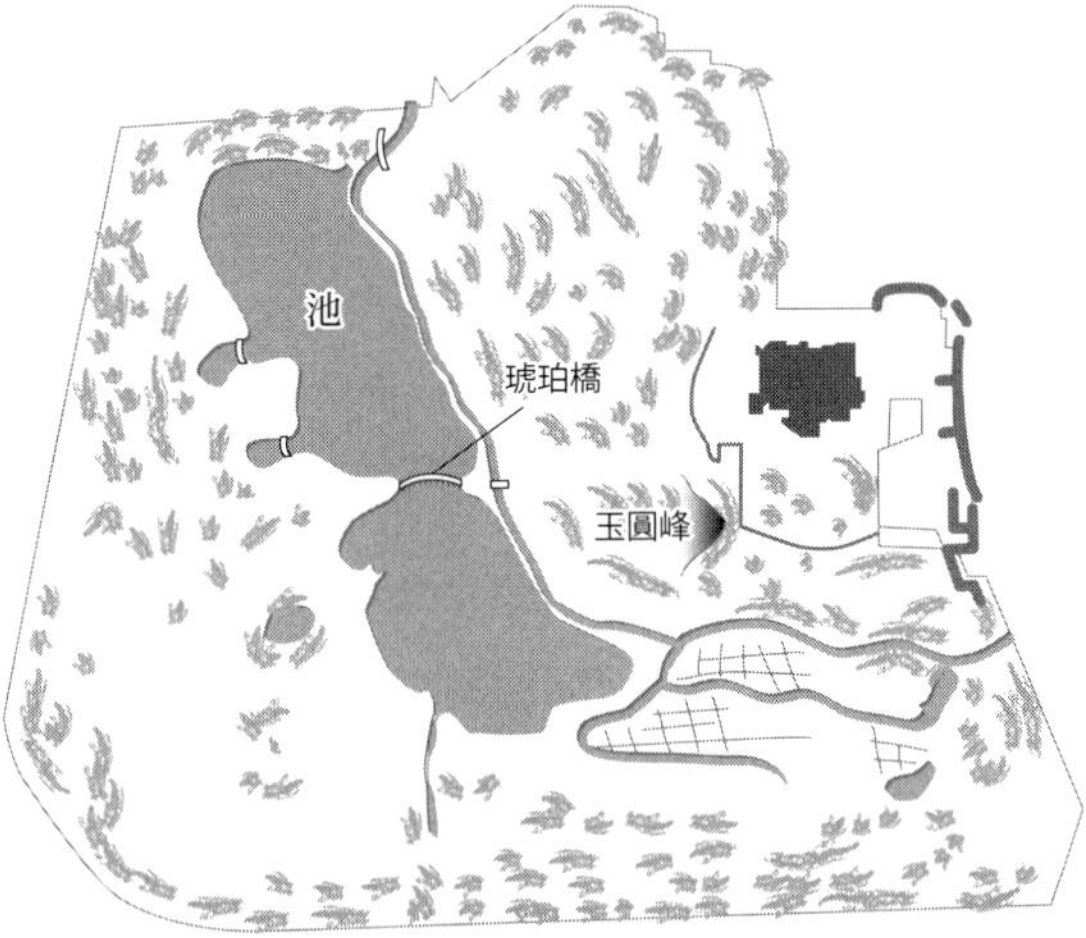

戸山尾州邸図（『明治東京名所図会』内の図をもとに作成）

算数の計算である。ところが、実際の山はかなり高く感じられるし、実際谷は深い！

いったいこれはなぜだろう、という疑問である。

それを解く鍵は実はこの図の中にある。賢い読者はすでにお気づきかもしれない。とは言っても、そう簡単には気づかないだろう。

図をご覧いただくと、左手に大きな池がある。真ん中に一本の橋が架けられている。その橋は「琥珀《こはく》橋」と名付けられている。この橋を渡ってまっすぐ上ると玉円峰（箱根山）に至るということになっている。

現在の谷が深くなっている理由は、実はこの池の水が干されて今は大きな窪地になっているということである。本来この辺りの標高が三〇メートルだとしたら、十数メートルの高さしかない山だが、池の水がなくなっているので、その池の深さが重なって地形が深くなり、結果、箱根山の高さが増しているというからくりである。

四　なぜ「箱根山」なのか？

さて、最後の謎解きに移ろう。この庭園に造られた玉円峰をなぜ「箱根山」と呼ぶようになったかである。

先に引用した「戸山の荘」の中に「俗間には五十三駅の風景を具備せりと称したり」というくだりがあった。東海道五十三次の宿駅の風景を模して造られていたということである。江戸時代の名園にはよく全国各地の景勝地を模して造園するということが行われていた。

小石川後楽園は徳川光圀《みつくに》公の造園になる名園だが、そこに「渡月橋」「大堰《おおい》川（大井川）」「愛宕坂」「竹生島」などの景勝地を取り込んだ造園をしたことで知られている。

この後楽園と一、二を争う名園だったという尾張藩の庭園にも同じような造園がなされたのであろう。尾張藩は東海道沿いにあったことからも、東海道五十三次の宿駅を模した造園がなされたことは当然のことだと思われる。しかも、とりわけ小田原の宿駅に関連させて東海道最大の難所と言われた「箱根山」を築いたというのは何となくわかる道理である。

明治以降は陸軍戸山学校が置かれ、軍の施設では細菌兵器を作るために人体実験が行われたとも言われる重い歴史を秘めた場所でもある。八合目にある教会の建物はその名残と言われている。

「おとめ山」（新宿区）に乙女はいるのか？

新宿区高田馬場駅の近くに「おとめ山公園」という公園がある。「おとめ」と聞くとすぐ「乙女」をイメージしてしまうのは人の常である。その山に美しい乙女がいたのか、そんな伝承が残っていないかと、つい思ってしまう。全国にも「乙女」がつく地名は長野県にも栃木県にも、箱根の峠にも存在している。はたして真実はいかに。「おとめ山」の真相に迫ってみよう。

―「落合」の近くに

高田馬場駅の北側を神田川方面に向かう小路は「さかえ通り」と呼ばれる飲み屋街だ。この小路は昔からほとんど変わっていない。夕方以降になると両サイドの飲み屋さんに多くのお客さんが集まってくる。

そんな飲み屋街を通り抜けると道は神田川を越える。この橋を「田島橋」と呼んでいるが、橋のたもとは今は東京富士大学という私立大学のキャンパスになっている。この田島橋は今は鉄筋コンクリートの立派な橋になっているが、江戸時代にすでに架けられていた由緒ある橋である。

田島橋を渡りさらに新目白通りの広い道を越えると、もう「おとめ山公園」は近い。公園の西側に沿って坂が続くが、その坂は「相馬坂《そうまざか》」という。ここにいう「相馬」とは何か、ちょっと気にかかる。

公園の正門は少し南に行ったところにあるが、おとめ山は左右二つのエリアに分かれている。真ん中を通る坂道はその名も「おとめ山通り」で、坂の標識にこう書かれている。

「江戸時代、おとめ山一帯は将軍家の狩猟地で一般人の立入が禁止されていたため御留山《おとめやま》と呼ばれていた」

こう書かれてしまっているので、「おとめ山」は「乙女」には関係なく、「御留山」「御止山」から「おとめ山」という地名になったのが真相である。

この「おとめ山」が昔どんなところであったかを示す図を発見した。『江戸名所図会』

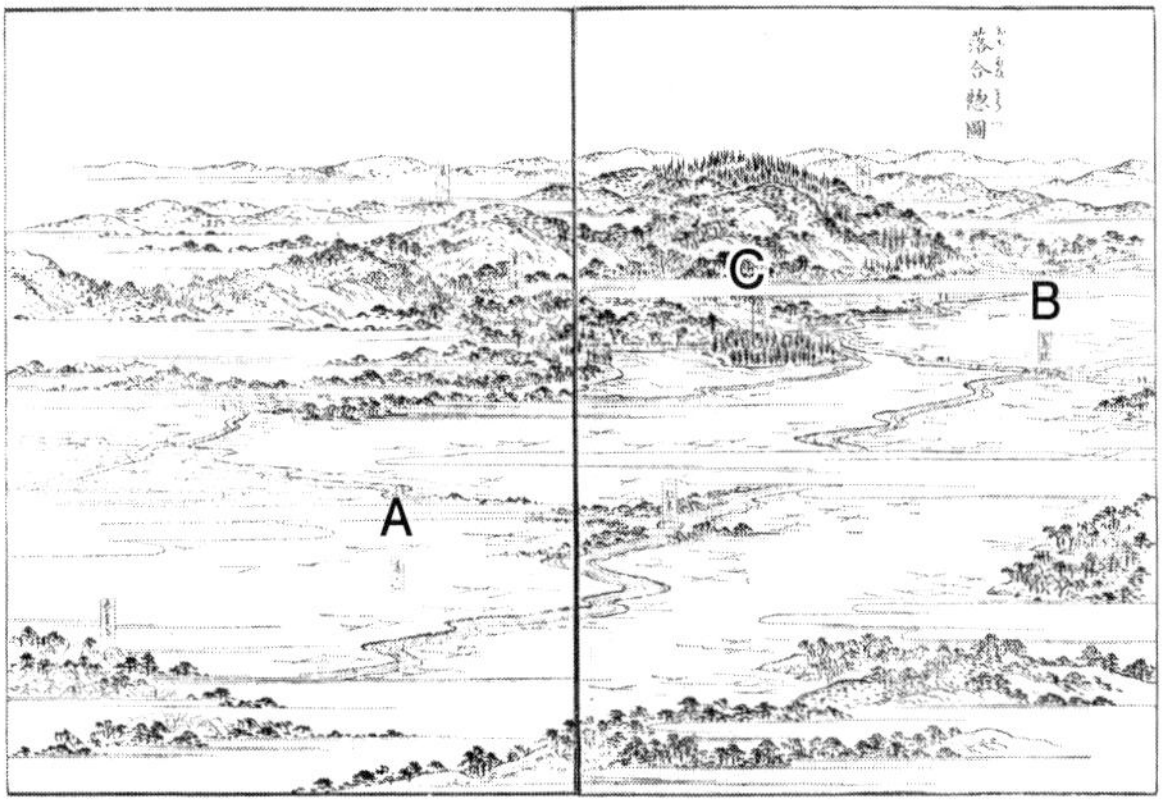

落合惣図（『江戸名所図会』「A」「B」「C」は編集部による）

に載っている「落合惣図《そうず》」である。ちょっと見ただけではわかりにくいが、左手前から右手中央方面に細い川が流れている。これが家康時代に井の頭池から水を運んだ神田川である。そして左手中央から右手中央にほぼまっすぐ細く流れているのが妙正寺川である。この二つの河川が合流しているところから「落合」という地名ができた。Ａの位置に小さく「落合」という文字が書かれている。

二つの川が合流したＢの位置に「田島橋」と書かれている。ここが先ほど渡った「田島橋」である。Ｃの位置に「氷川」とあるがこれは今もある「氷川神社」。その奥にこんもりした山が見えるが、これが今私たちが目指している「おとめ山」である。

二　「おとめ山」登山

図で見るような広大な山が「お狩り場」として一般に人々は入るのを禁止されていたのだが、明治になって御留山の周辺は近衛《このえ》家の所有になり、大正に入って現在のおとめ山公園を含む西半分を福島県の相馬家が取得して回遊式庭園を造ったという。今でもその一部が公園内に残っている。

庭園の弁天池に流れ込んでいるのは、東京都内でも貴重な存在となった湧水である。わずかだが山腹（?）から湧水が湧き出している。平成一五年（二〇〇三）「東京の名湧水57選」に指定されている貴重な水である。

その池からいくつかのルートで山頂に向かうことができる。おとめ山の標高は確かなことはわからないが、おそらく三〇メートル余であろう。池からは一五メートル程度の落差かと思われる。が、写真でみるようになかなかの山道ではある。

山頂は平地になって小さな四阿《あずまや》がある。周りは樹々に囲まれかつてのように眺望を楽しむことができないのは残念である。四阿の脇に「おとめ山讃歌《やまさんか》」の看板があった。

相馬家が整備した庭園

山を上れば　林間広場
緑を縫《ぬ》って　小鳥とぶ
山を下れば　泉の広場
谷の襞《ひだ》から　清水わく
野鳥の森の　歌声響き
弁天池には　カモ遊ぶ
先人残せし　おとめ山
遥《はる》か未来へ　伝えたい

三　ホタルの里

管理人さんの話だと、この湧水を活用して「蛍」の養殖が行われており、「ホタル観賞会」が開催されているという。この落合の地は昔はホタルの里として有名だったのだそうだ。関連の文献を見ていたら、『江戸名所図会』にこんな記述が見つかった。

落合土橋《おちあひどばし》　同所　坤《ひつじさる》の方、上落合より下落合へ行く道に架す。土人云ふ、田島橋より一町ばかり上に、玉川の流と井頭《ゐのかしら》の池の下流と会流する所あり。この故に落合の名ありといへり。

現代語に訳すとこうなる。

落合土橋　南西の方、上落合から下落合へ行く道に架かっている。土地の人が言うには、田島橋から百メートルほど上に、玉川（妙正寺川）と井の頭から流れてくる川（神田川）とが合流するところがある。そのため、「落合」という名があるという。

落合惣図の絵で位置を示すと、右手の図のほぼ真ん中あたりにあるはずの橋のことである。問題はその先に次のように書いていることである。

この地は蛍に名あり。形大いにして光も他に勝れたり。山城の宇治、近江の瀬田にも越えて、玉の如く又星の如くに乱れ飛んで、光景最も奇とす。夏月夕涼《かげつせきりやう》多し。

訳すとこうなる。

この地は蛍で有名である。形は大きく光も他と比べて優れている。山城（京都府）の宇治、近江（滋賀県）瀬田を越えて玉のようにまた星のように乱れ飛んで、その光景は最も珍しいとされる。夏の夕方も涼しいという。

江戸時代にこのような蛍の名所として知られていたとなると、やはり現代もこれからも蛍の里として頑張っていってほしいと願うのは当然のことだ。

四　相馬との関係

冒頭で、おとめ山公園の西側にある坂が「相馬坂」と呼ばれていることを紹介した。江戸時代から続いている東京の坂には、かつてそこにあった大名の名前をつけるのが多いことはよく知られている。

例えば港区にある有栖川宮記念公園の脇にある坂は「南部坂《なんぶざか》」というが、これは有栖川宮記念公園がかつて南部藩の屋敷であったからである。

それと同じ理屈で、この「相馬坂」も、明治に入ってからだが、福島県の相馬藩の家系の相馬家が整備したことによっている。

相馬家のルーツは平家の系統でもとは下総国相馬郡（千葉県北西部）に住して相馬氏を名乗ったと言われる。一一代目の師国《もろくに》のとき、子どもがいなかったので、千葉常胤《つねたね》の次男師常《もろつね》（一一三九～一二〇五）を迎えて千葉六党《りくとう》の一つとなった。

師常は奥州平泉征討の際、父常胤を助けて大いに功績があり、その論功で陸奥国行方郡《むつのくになめかた》（福島県南相馬市ほか）を拝領することになる。これが下総国の相馬氏が福島県に移った走りであった。その師常から数えて六代目に当たるのが相馬重胤《しげたね》であった。それまで相馬氏は陸奥国と下総国双方に領地を有していたが、重胤は一族の内乱によって奥州に移住することになった。

相馬氏は下総国から陸奥国に移住したことになり、現在千葉県に相馬の地名がなく、福島県に相馬市があるのはこのような経緯によっている。

現在の相馬市に旧中村城跡があるが、これが相馬氏が居城としたところである。今でも歌い継がれている「相馬流山《ながれやま》」という民謡や、「野馬追《のまおい》」の行事は重胤が移住したことによって誕生したものである。

その相馬氏がこの「おとめ山」に関係していたことによって、江戸と下総と陸奥がつながってくるのが面白い。

塚がないのになぜ「大塚」?

「大塚」といえば、誰もが山手線の「大塚駅」周辺を思い起こす。駅の北側は「北大塚」、南には「南大塚」が広がる。どう考えてみても、大塚と言えばこの「大塚駅」周辺でしかない。ところが、この駅周辺のどこを探しても「大きな塚」は見当たらない。いったい地名のルーツとなった「大塚」はどこにあるのか? その真相に迫ってみよう。

「北大塚」と「南大塚」

肝心の「大塚駅」の所在地は以下の通りである。

東京都豊島区南大塚三丁目

そうである。「大塚駅」は豊島区の「南大塚」という場所に位置しているのだ。駅の北側には「北大塚一〜三丁目」があり、駅の南側には「南大塚一〜三丁目」がある。ところが「大塚」(一〜六丁目)という町名は文京区にあるのである。これを図示したのが左の図である。

これを見ると、「大塚」の北側に「南大塚」があり、その北に「北大塚」が位置することになる。これは大きな矛盾ではないか。

これに加えて、東京メトロ丸ノ内線には「新大塚」なる駅もある。この所在地は「東京都文京区大塚四丁目51-5」である。この場合の「新」はJRの「大塚駅」に対して新しくできたので「新大塚」と名付けただけの話だが、とにかく話は複雑だ。

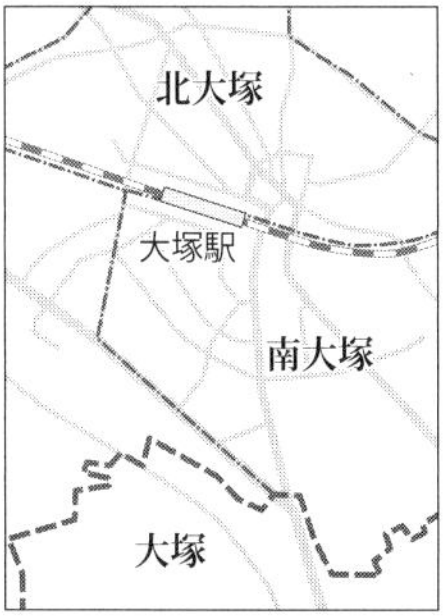

「大塚」「南大塚」「北大塚」の位置

謎を解く鍵は「大塚」「南大塚」「北大塚」という町名にある。「東西南北」がつく地名はもともとの地名より新しくできたことは間違いない。地方の高校名でよく「○○西高校」と名付けられているのは「○○高校」より新しくできたと考えられる。

歴史的に見れば、文京区の「大塚」の成立のほうが早くて昭和四一年(一九六六)、豊島区の「北大塚」

「南大塚」が昭和四四年（一九六九）となっている。これを見ても、どうやら「大塚」の地名のルーツは文京区にあるらしい。

二　地名「大塚」発祥の地とは？

文京区の「大塚一〜六丁目」が「大塚」のルーツであったことは、そのエリアの旧町名をたどればわかることである。次のような町名が合体されて「大塚一〜六丁目」が成立した。

大塚町・大塚仲町・大塚上町・大塚辻町・大塚坂下町、東青柳町・氷川下町・大塚窪町（各一部）

これらの町は、春日通りに接する地域で、昔から都内きっての文京地区である。現在もお茶の水女子大学が健在だが、かつては東京教育大学もこの地にあった。東京教育大学の敷地は、現在は筑波大学の東京キャンパスと放送大学東京文京学習センターとなっている。そのほかに拓殖大学・跡見学園女子大学などの大学の他、筑波大学・お茶の水女子大学などの附属校が多くあり、まさに「茗荷谷《みょうがだに》駅」周辺は朝夕には児童生徒・学生であふれかえる。

その「茗荷谷駅」から拓殖大学方面にわずか数十メートル行ったところに三井住友銀行の旧茗荷谷研修所がある。その一角に「地名『大塚』発祥の地」なる碑が建っている。そこには次のように書かれている。

日本高等女学校明治三十三年創立帝国女子専門学校明治四十三年創立静修女学校大正四年創立以上三校の旧校地ここ大塚七十番地の校庭の一隅に樹木に圍まれた稲荷の小祠があった。元来これは先史時代の古墳で昔から大塚といわれて居り馬琴の八犬伝に見える大塚の里は即ちこの附近一帯の土地であってこの古墳に因んだ名称である。小祠は学校と共に昭和二十年の戦災により焼失しその焼跡は三井銀行の所有となって二十五年の歳月が流れた。卒業生有志は由緒あるこの古墳の湮滅を憂い三井銀行に懇請して幸に承諾と後援とを得石碑を建立して永く後世に伝える。

昭和四十六年六月吉日

東京大学名誉教授　文学博士　宇野哲人　選

帝国女子専門学校は現在の相模女子大学である。同校の卒業生であり、また教鞭もとったことのある上床雪さんの尽力によってこの碑が建てられたという。

この石碑は「大塚」の発祥がこの地にあったことを余すことなく示しているが、この文章の中に「馬琴の八犬伝に見える大塚の里は即ちこの附近一帯の土地であって」というくだりに注目していただきたい。

三 『南総里見八犬伝』の里

実はこの「大塚」という地は滝沢（曲亭）馬琴《ばきん》（一七六七～一八四八）と深い縁がある土地で、何と馬琴のお墓もこの茗荷谷にあるのだが、ほとんど知られていない。

『南総里見八犬伝』は馬琴の代表作で、幕末の一大ベストセラーとなった作品である。あくまでもフィクションではあるが、実在の里見が登場するために史実とフィクションが混同されやすい作品であることは事実だ。

物語は室町時代の末、安房《あわ》（南総）の里見家と八房《やつふさ》という犬にまつわる八つの珠《たま》の話から始まる。面白いのは主人公の一人「犬塚信乃《いぬづかしの》」のルーツである。現在の文京区にあった「大塚」の里から「大塚番作《ばんさく》」が下総国の結城での戦いに参加したのだが、帰ってきたら家督を奪われてしまい、「大塚」を名乗ることができなかったので、「犬塚」にしたというのである。その番作の息子が主人公の一人「犬塚信乃」ということになっている。

このあたりが何とも小説としか言いようがないが、馬琴の墓がこの茗荷谷にあるので、まずは行ってみよう。

茗荷谷の駅から拓殖大学方面に下りる小路がある。しばらく行くと拓殖大学前に出るが、この辺が「茗荷坂」と呼ばれたところ。『御府内備考』で「むかし、この所へ多くの茗荷を作りしゆえの名なりと云々」と書かれており、江戸時代から茗荷を栽培していたことは確かなようだ。現在でも坂の下に茗荷が形ばかり植えられている。

その茗荷坂に接するように深光寺《じんこうじ》という浄土宗のお寺がある。茗荷坂を下り切ってから左手の坂を上った本堂の前に馬琴の墓がある。これは誰も知らないといっていいので、是非ご覧いただきたい。

馬琴は晩年目を患って失明の運命に遭遇することになるが、息子の嫁の路《みち》の協力を得て、この『八犬伝』を二八年の歳月を費やして完成させている。やはり、時代に名を残す人物というのは格が違うといったらいいのだろう。路の墓も馬琴の墓の近くに建てられている。やはり、馬琴にとってこの「大塚」の里が人一倍懐かしく思えたのだろう。

田は田でも、「三田」と「五反田」は何が違う？

東京には「田」がつく地名はいくつもある。「田端」「田町」「神田」などで、いずれも「田んぼ」にちなんだ地名である。ところがそれに数字がつく地名となると「三田」「五反田」となる。この「三田」と「五反田」には何か関係があるのか、ないのか、その真相に迫ってみよう。

「田」に隠れたさまざまなルーツ

「三田」の説明はあとに回して、まずは「五反田」の解説をしてみよう。この種の地名、例えば「五反田」以外に「三反田」「六反田」などは全国に分布する地名である。ただ、東京の五反田が有名になっただけのことである。

ちなみに、私は長野県松本市に生まれたが、昭和二九年（一九五四）に松本市に合併されるまでの住所は、長野県東筑摩郡入山辺《いりやまべ》村字三反田であった。生まれたときから「三反田」という地名に埋もれていたので、その分この地名には愛着がある。だから、東京に出てきて「五反田」という地名を聞いても、三反田よりも二反歩広い田んぼがあったんだという意識しか感じることはなかった。

平安時代から中世にかけて口分田《くぶんでん》の私有化や荒れ地の開墾《かいこん》によって、特定の個人に集積される田が広がっていった。いわば荘園の支配から農民たちが自立して「群れ」を成して特定の田を広げていったのである。この「群れ」が後に「村」という名前に変わって近世の農村が形成されることになっていく。この田んぼを「名田《みょうでん》」と呼んでいる。この「名田」は「名《みょう》」ともいい、そこから農民たちの間にも「名字」（後に「苗字」）が発生するということになる。

その名田の広さを示すのが「三反田」であり、「五反田」であったということだ。しかし、今や「反」という単位が死語になってしまっているので、解説しておこう。

土地面積の最小単位を「歩《ぶ》」と呼んだ。「一歩」とは、六尺（一・八メートル）四方で「一坪」（畳二枚分）のことである。その三〇倍、即ち「三〇歩」が「一畝《せ》」、そして「一〇畝」が「一反」である。

現在のメートル法に換算すれば、「一反」は「九九一・七平方メートル」、約三〇メートル四方の広さということになる。

時代は明確ではないが、「五反田」にはこの規模の名田があったということになる。この五反田の集落は目黒川沿いの谷にあった一集落で、かつての大崎町の小字《こあざ》でしかなかったのが、現在は山手線の駅名でも知られる都会に変身しているのである。

二 〝尊敬を受ける田んぼ〟の謎

一方の「三田」は特殊な状況で誕生した地名である。三田と言えば慶應義塾大学などの多くの教育機関が集中しているほか、各種企業の本社が林立する東京でも一等地のイメージのある地域である。海側は埋め立て地なのでオフィスや倉庫が多いが、山側には高級マンションが並び、都内でも人気の街だと言える。

実はこの「三田」というのは「五反田」のように名田に由来するものではない。平安時代に編まれた『和名抄《わみょうしょう》』では、今の港区に相当する郡の名前として「御田」と「桜田」の二つを挙げている。「桜田」は港区の北部に当たり、江戸城の「桜田門」はその名残とされる。一方南部は「御田」と呼ばれていた。

「御田」と呼ばれる以上、何らかの「尊敬を受ける田んぼ」があったことは事実のようだ。その「御」の意味として、朝廷や伊勢神宮への供田ではなかったのではないかという説もあるが、いずれも定説にはなっていない。

かりに神への供田であるとすると、今でも三田に鎮座している「御田八幡神社」へのものであったことから「御田」という郡名が誕生したと考えることができる。御田八幡神社の由緒書によれば、そのルーツは和銅二年（七〇九）、牟佐志国牧岡《むさしのくにまきおか》に東国鎮護の神として祀られたことまでさかのぼるという。その後、寛弘八年（一〇一一）武蔵国御田郷久保三田の地に遷座され、嵯峨源氏《さがげんじ》渡辺一党の氏神として尊崇されたという。

『江戸名所図会』にはこう記されている。

三田八幡宮　芝田町《たまち》七丁目にあり三田の惣鎮守にして、祭る所、山城男山八幡宮と同じくして、後一条帝の寛仁年間、草創すと云ひ伝ふ。旧地は窪三田《くぼみた》にあり。正保年間、今の地へ移し奉るといへり。この地、後は山林にして、前は東海に臨む。故に風光秀美なり。別当は天台宗にして、眺海山無量院と号す。

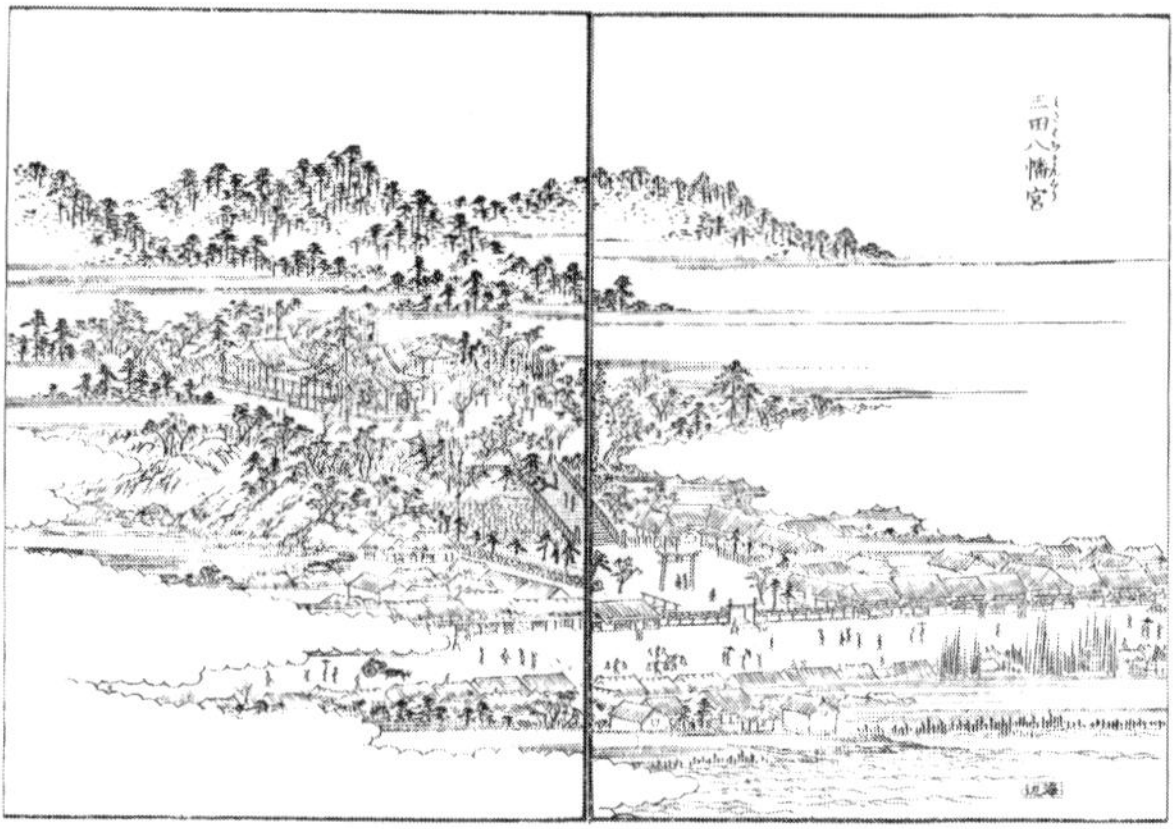

三田八幡宮（『江戸名所図会』）

御田八幡神社

若干のコメントを添えて、現代語に訳しておこう。

三田八幡宮　芝田町七丁目にあり三田の惣鎮守であり、ご祭神は京都の男山八幡宮と同じで、後一条天皇（在位一〇一六～三六）の寛仁年間（一〇一七～二一）に創建されたと伝える。元は窪三田《くぼみた》にあったが、正保年間（一六四四～四八）に今の地に移したという。この地は、後ろは山林であり、前には東海に臨んでおり、風光秀美である。別当寺（神社を護る寺院）は天台宗で、眺海山無量院と称している。

前ページ上の図は三田八幡宮だが、確かに風光秀美であると言える。神社の前を通る街道は東海道であり、そのそばに江戸湾が迫っている。

都営地下鉄浅草線・三田線の「三田駅」を降りて第一京浜を品川方面に歩いて一〇分ほど行くと、右手のビルに挟まれたように御田八幡神社がある。昔はこの第一京浜まで海でつながっていた。道路からすぐ山にかかるところにその神社はある。通称「八幡さま」と呼ばれる神社は小さなものだが、昔は広いものであったことは図でよくわかる。

明治四〇年代、芝浦の埋め立てが始まりその姿を失うことになるが、神社の雰囲気はかつての面影を残している。

コラム② 「四ツ谷」は「四つの谷」ではなく「四つの家」だった！

「四ツ谷」と聞けば、誰もが「四つ谷があった」と考えてしまう。『江戸砂子』には、この周辺に「千日谷」「茗荷谷」「千駄ヶ谷」「大上谷」という四つの谷があったと書かれている。が、これには多くの疑問が出されている。「千駄ヶ谷」は四谷見附からは二駅分も離れている。その他の「谷」も確認されていない。

幕府官撰の地誌である『御府内備考』では、甲州道中沿いに「梅屋」「木屋」「茶屋」「布屋」の四軒しかなかったので「四ツ家」と呼ばれていたが、その後「四家」と書かれるようになったと書かれている。

参考文献

主要な引用文献にとどめ、それ以外はそれぞれの項で紹介する。

『江戸砂子』享保一七年（一七三二）に刊行された江戸の地誌。引用は小池章太郎編『江戸砂子』（東京堂出版、一九七六）による。

『御府内備考』文政一二年（一八二九）に完成した江戸幕府官撰の江戸の地誌書。引用は『御府内備考』全六巻（雄山閣、二〇〇〇）による。

『江戸名所図会』天保五〜七年（一八三四〜三六）斎藤幸雄・幸孝・幸成の父子三代にわたって完成された江戸の地誌。引用は角川書店版（一九七五）による。

『新編武蔵国風土記稿』文政一一年（一八二八）に成った徳川幕府編纂の武蔵国の地誌。引用は『新編武蔵風土記稿』（雄山閣、一九九六）による。

『江戸名所記』寛文二年（一六六二）浅井了意によって刊行された江戸の名所記。引用は朝倉治彦解説・校注『江戸名所記』（名著出版、一九七六）による。

参考までにこれまで刊行した東京・江戸の地名に関する本を年代順に掲げておく。

『東京・江戸　地名の由来を歩く』（ベスト新書、二〇〇三）
『東京「駅名」の謎』（祥伝社黄金文庫、二〇一一）

『地名に隠された「東京津波」』（講談社+α新書、二〇一二）
『東京の歴史地図帳』監修（宝島社、二〇一四）
『東京・江戸　地名の由来を歩く』（ワニ文庫、二〇一四）
『地図に秘められた「東京」歴史の謎』監修（じっぴコンパクト文庫、二〇一六）

谷川彰英 たにかわ・あきひで
1945年長野県生まれ。筑波大学名誉教授、日本地名研究所前所長。東京教育大学教育学部卒業。同大学院博士課程修了。柳田國男研究により博士の学位取得。筑波大学教授、理事・副学長を経てノンフィクション作家に転身。文献を丹念にひもとき、実際に現地を取材する手法に定評がある。主な著書に『埼玉 地名の由来を歩く』(ベスト新書)『戦国武将はなぜその「地名」をつけたのか?』(朝日新書)などがある。

朝日新書
661
「六本木《ろっぽんぎ》」には木《き》が6本《ぽん》あったのか?
素朴な疑問でたどる東京地名ミステリー

2018年3月30日第1刷発行

著 者 谷川彰英

発行者 友澤和子
カバーデザイン アンスガー・フォルマー 田嶋佳子
印刷所 凸版印刷株式会社
発行所 朝日新聞出版
〒104-8011 東京都中央区築地5-3-2
電話 03-5541-8832(編集)
03-5540-7793(販売)

Published in Japan by Asahi Shimbun Publications Inc.
ISBN 978-4-02-273762-5
定価はカバーに表示してあります。

落丁・乱丁の場合は弊社業務部(電話03-5540-7800)へご連絡ください。
送料弊社負担にてお取り替えいたします。

朝日新書

幸福寿命
ホルモンと腸内細菌が導く100年人生

伊藤　裕

単純な寿命より健康寿命が重要だが、さらに進めて「幸せを感じられる期間」＝「幸福寿命」を追求しよう。愛情と共感をつかさどる「ホルモン」と、若さとエネルギーを生む「腸内細菌」の大いなる力によって、何歳でも幸せにすごすための健康戦略。

ゆるいつながり
協調性ではなく、共感性でつながる時代

本田直之

見せかけの人脈はもういらない――強すぎるタテ社会でも、弱すぎるネット社会でもない、共感でつながる第3の道。AI時代、人生100年時代を自由に生き抜くための新しいつながりの法則を、ベストセラー『レバレッジ人脈術』の著者が解き明かす！

ニュースの深き欲望

森　達也

ニュースとはなにか。そもそも情報とはなんだろうか。〈真実と偽り〉〈正義と悪〉の二項対立を超え、その狭間の無限の事象をとことん見つめて発信を続ける著者自らの証言。「世界はグレーゾーンで成り立っている」と唱える挑戦と希望の記録。

人口減少と鉄道

石井幸孝

人口減少で日本の鉄道は危機を迎える。2050年にはJR東海も利益が出なくなる？　早くから人口減に直面しつつ、豪華列車や外国人客誘致、多角経営で右肩上がりを続けるJR九州の初代社長が、成功事例を踏まえつつ、鉄道再生の方策を語る。

「六本木」には木が6本あったのか？
素朴な疑問で歩く東京地名ミステリー

谷川彰英

六本木には、実は地名の由来になった松の木がある？　まことしやかに語り継がれる地名の由来は真実か。「青山の青い山はどこにあるのか？」「池袋の『袋』は何の袋か？」など、実際に行って確かめた「最新」でありなおかつ〝最深〟の地名情報。